专业学位

硕士研究生英语课程探索与实践

韩国军 著

科学技术文献出版社

·北京·

图书在版编目（CIP）数据

专业学位硕士研究生英语课程探索与实践 / 韩国军著. —北京：科学技术文献出版社，2022.6

ISBN 978-7-5189-9228-7

Ⅰ.①专⋯ Ⅱ.①韩⋯ Ⅲ.①英语—课程建设—教学研究—研究生教育 Ⅳ.① H319.3

中国版本图书馆 CIP 数据核字（2022）第 106189 号

专业学位硕士研究生英语课程探索与实践

| 策划编辑: 张　丹　责任编辑: 张　丹　邱晓春　责任校对: 王瑞瑞　责任出版: 张志平 |

出　版　者	科学技术文献出版社
地　　　址	北京市复兴路15号　邮编　100038
编　务　部	（010）58882938，58882087（传真）
发　行　部	（010）58882868，58882870（传真）
邮　购　部	（010）58882873
官　方　网　址	www.stdp.com.cn
发　行　者	科学技术文献出版社发行　全国各地新华书店经销
印　刷　者	北京厚诚则铭印刷科技有限公司
版　　　次	2022年6月第1版　2022年6月第1次印刷
开　　　本	710×1000　1/16
字　　　数	210千
印　　　张	13
书　　　号	ISBN 978-7-5189-9228-7
定　　　价	58.00元

版权所有　违法必究

购买本社图书，凡字迹不清、缺页、倒页、脱页者，本社发行部负责调换

前　言　Foreword

专业学位硕士研究生教育以市场需求为导向，学术性和职业性紧密结合，旨在培养高级应用型人才。专业学位与学术型学位在培养目标上各自有明确的定位，在教学方法、教学内容等方面应该有所不同。要认清专业学位的特色和办学特点，突出实践性和应用性，积极推进专业学位人才培养模式和教学方法改革。

本书以安阳师范学院专业学位硕士研究生英语课程为例，从词汇、语法、听力、口语、阅读、写作等6个方面入手，通过课堂教学案例的呈现和评析，以期能够为专业学位硕士研究生英语语言实践技能、跨文化交际能力、批判性思维能力等的提升尽绵薄之力。

本书教学案例来自教学一线，其中包括作者在教授专业学位硕士研究生英语课程中的课堂实践，同时在编写过程中也参考、借鉴、引用了国内外有关研究成果、文献资料，在此向著作权人和作者表示衷心感谢。

本书为河南省研究生教育改革与质量提升工程项目研究成果，立项号为YJS2022AL120。在此，特别感谢河南省教育厅的大力支持和基金资助。

本书由安阳师范学院外国语学院韩国军副教授独立完成。鉴于编写时间紧迫，笔者教学和科研水平有限，书中疏漏和不足之处在所难免，恳请专家、广大一线英语教师、教研人员及其他读者对本书批评指正，谢谢！

韩国军
2022年2月

目 录 Contents

第1章 专业学位硕士研究生英语课程 1
    1.1 专业学位硕士研究生教育介绍 1
    1.2 专业学位硕士研究生英语技能培养侧重点 3

第2章 英语词汇教学 5
    2.1 提升对英语词汇学习的正确认识 5
    2.2 培养单词拼读能力 9
    2.3 提高词汇复现率 12
    2.4 开展英语语块教学 22
    2.5 词汇教学的其他方面 30

第3章 英语语法教学 34
    3.1 语法学习的重要性和语法教学中存在的问题 34
    3.2 联系其他语言知识开展英语语法教学 38
    3.3 结合目标语文化开展语法教学 42
    3.4 在综合语言活动中开展英语语法教学 43
    3.5 在英语语法教学过程中加强语义和语用教学 46
    3.6 联系语篇开展语法教学 53
    3.7 运用知识分类理论实施语法教学 55
    3.8 在语法教学中采用自主、探究、合作的学习方式 58

3.9 精选例句开展语法教学 61
3.10 通过思维导图开展语法教学 62

第 4 章 英语听力教学 65
4.1 英语听力教学存在的问题 65
4.2 影响听力理解的认知要素 67
4.3 听力理解过程模式 71
4.4 听力教学的实施 72

第 5 章 英语口语教学 95
5.1 语音与英语口语教学 96
5.2 英语口语教学的实施 106

第 6 章 英语阅读教学 123
6.1 英语阅读理解的必要条件 124
6.2 英语阅读理解的层次 125
6.3 语篇标题和主题句 130
6.4 衔接和连贯 135
6.5 语篇文体 145
6.6 语篇组织结构 151

第 7 章 英语写作教学 162
7.1 我国大学生英语写作存在的问题 162
7.2 英语常用标点符号的教学 164
7.3 句子层面的教学 165
7.4 段落层面的教学 168
7.5 开展图表作文的写作教学 174

参考文献 193

第1章
专业学位硕士研究生英语课程

1.1 专业学位硕士研究生教育介绍

按照专业和用途的不同来划分，研究生可以分为普通研究生和特殊种类研究生（专业学位研究生）两大种类，专业学位研究生是区别于一般意义上侧重理论、学术研究的研究生。专业学位研究生，俗称应用型研究生，旨在针对一定职业背景，培养高层次应用型人才和应用型高层次人才。

我国的专业学位研究生教育始于1991年，但在之后的近20年时间内发展缓慢。直到2009年，在全国招收的40多万研究生中，专业学位研究生仅占大约10%。我国主要在硕士层次设置专业学位，经批准已经在工商管理、公共管理、教育、法律、汉语国际教育等10多个学科，设置专业学位研究生教育。

2011年3月，涉及金融、法律、会计等29个专业学位研究生教育的指导委员会在北京宣告成立，这是我国为推进专业学位研究生教育、培养高层次应用型人才出台的重要举措。全国专业学位研究生教育指导委员会是国务院学位委员会、教育部、人力资源和社会保障部领导下的专家组织，从事专业学位研究生教育的指导、督查、评估认证、研究和咨询等工作。

我国积极发展专业学位研究生教育，提高应用型高层次人才培养能力。2019年，教育部副部长杜玉波在新中国高等教育70年高峰论坛指出，我国研究生教育质量与国家发展和人民需求还有较大差距，必须加快从以学术型人才培养为主向学术型与应用型人才培养并重转变，加快硕士研究生教育从以学术型为主向以应用型为主转变。2020年9月25日，国务院学位委员会、教育部印发了《专业学位研究生教育发展方案（2020—2025）》。

由于国内大部分专业学位硕士研究生项目采取2年学制,第一年一般学习基础技能,第二年一般开设实践课程,同时撰写毕业论文,真正给予学生实践的时间并不充裕。在此情境下,如何最大限度地利用有限的课堂教学提升专业学位研究生的实践技能显得尤为重要。

汉语国际教育硕士专业学位是与国际汉语教师职业相衔接的专业学位。汉语国际教育硕士生教育承担着让汉语和中华文化走向世界、为孔子学院发展培养合格人才的任务。其实践能力培养尚面临一系列的问题,主要体现在专业实践性不强和外语沟通交流能力弱两个方面。而专业学位硕士研究生的培养目标是培养高层次的创新型、复合型、应用型人才,因此有必要在课程教学中充分体现对学生的实践能力的培养,将教学实践有关的最新研究成果应用于课堂中,突出实践环节,在课程教学过程中提升学生的应用能力,构建提升专业学位硕士研究生实践能力的培养模式。

2011年,国务院学位委员会开展"服务国家特殊需求人才培养项目"——学士学位授予单位开展培养硕士专业学位研究生试点工作。安阳师范学院凭借地域文化优势、百年师范教育积淀、丰富汉字文化研究和汉语国际推广经验,成功获批培养汉语国际教育硕士专业学位研究生试点工作单位。2012年开始招收汉语国际教育专业研究生,同年获批省级特色专业;2014年,安阳师范学院汉语海外传播协同创新中心被认定为河南省协同创新中心;2015年,安阳师范学院与泰国北榄公立培华学校签订首个汉语国际教育专业学位研究生海外实习基地;2016年获批省级特色品牌硕士专业学位授权点;2021年正式获批硕士学位授予权。

众多平台的构建坚定了安阳师范学院汉语国际教育专业学位硕士研究生的培养目标。安阳师范学院按"河南急需、国内一流"的建设目标,从中国文化走出去和打造华夏历史文明传承创新区战略需求出发,着力解决汉语海外传播的瓶颈问题,为增强中华文化国际传播能力贡献力量。

安阳师范学院面向"一带一路"沿线国家——泰国招收留学生,常年承担国家汉语教师志愿者项目,与美国、加拿大、英国、新加坡、泰国等国高校及孔子学院建立了友好合作关系,先后派出400余名教师、学生志愿者到美国、澳大利亚、英国、德国、意大利、俄罗斯、塞尔维亚、新加坡、韩国、泰国、菲律宾、尼泊尔、缅甸、也门、埃及、坦桑尼亚、加纳等国家从事汉语推广工作,积累了丰富的汉语海外传播经验,为服务中华文化走出去的战略需求做出了重要贡献。

1.2 专业学位硕士研究生英语技能培养侧重点

1979年，Jim Cummins首次提出BICS（Basic Interpersonal Communicative Skills）和CALP（Cognitive Academic Language Proficiency）两个概念。本书中，我们把BICS和CALP理解为交际语言（social language）和学术语言（academic language）。BICS是以非学术为目的的社会交际语境下应用语言的能力，而CALP则是相对于BICS而言的学术语言能力。按照Cummins的观点，BICS是日常生活中人们打交道过程中的语言技能，体现在人与人对话等交际行为中，往往发生在面对面的交流时，如在和朋友聊天、打电话、点餐、聚会时都会用到的语言技能，社交活动是建立在情景嵌入（context-embedded）基础之上。它可以有许多非语言因素支持，如通过身体动作、表情等帮助理解交际，人们可以手指物体，用眼神、表情、点头、摇头、手势等一些非语言动作（nonverbal communication skills）表达意思；而CALP则指学术语言能力，包括对学习材料的听、说、读、写的过程，是针对认知和学校教育的技能，CALP对语境要求不高（context reduced），信息依靠教材和教师传授获得。CALP不仅包括语言技能，还包括对比、分析、综合、评价和推理等各种能力。因此，CALP是一种更高水平的语言能力。

基于CALP培养的学生重科研，善考试，轻沟通，不善交际；相比之下，BICS更注重培养学生的实际语言应用和交际能力，与专业学位硕士研究生学位人才培养目标不谋而合。专业学位硕士研究生入学时英语底子相对薄弱，加上英语课程课时数有限，要想在较短时间内提高学生的学术能力不太现实。Jim Cummins（1979）认为，提高学生的BICS技能一般需要2年左右时间，而提升CALP能力则需要花费5～7年时间。专业学位硕士研究生讲实用重交际，而且将来岗位对学生英语能力的要求也更加侧重交际和沟通能力，而非学生的学术能力。因此，我们应该重视社交人才的需求，及时进行课程改革，调整教学目标。英语课程应该从实用性角度出发，采取切实措施培养学生的交际技能，提高学生跨文化沟通能力。

自安阳师范学院开始招收汉语国际教育专业硕士以来，围绕人才培养目标，英语课程在过去的十年里进行了一系列有益的探索和实践，积累了一定的教育教学经验。

本书基于"BICS 为主，CALP 为辅"的培养理念，以安阳师范学院为个案，拟就汉语国际教育硕士专业学位研究生英语课程教学进行梳理与总结，希望对专业学位硕士研究生英语课程人才培养目标的实现提供一定的借鉴和参考。

第 2 章

英语词汇教学

英语学习过程中，由于词汇数量大、没有系统的规律性和难以控制等特点，学生常常因得不到要领而对词汇学习望而生畏。本章提出词汇学习过程中可以采纳的策略和实用路径，希望能够抛砖引玉，为广大学子提供一定的帮助和有益的借鉴。

2.1 提升对英语词汇学习的正确认识

语言学中，形态学是研究单词如何形成，以及单词与其他单词关系的学科。它分析单词的结构，如前缀、后缀、词根、词干等。形态学还研究单词的词性、重音、语调。词汇学则是研究单词及其如何构成语言词汇。单词被普遍认为是最小的句法单位，但在大多数语言中，许多单词可以通过共同描述该语言语法的规则与其他单词相关联。

词汇是关于单词的，它指代的是语言中使用的单词体。单词是话语的基本要素，我们学习的是一种语言中的单词或一组特殊的单词。词汇教学是语言教学中重要的一环。词汇量的大小和使用词汇的能力直接影响其语言学习的效果，听、说、读、写、译等能力的提高和交际能力的发展都离不开词汇。在语言学家 David Wilkins（1972）看来，"Without grammar, very little can be conveyed; without vocabulary, nothing can be conveyed."（没有语法，难以表述；没有词汇，无法表述）。由此可见，词汇是理解语言和学习语言的基础，词汇作为语言构成的基本单位，在语言学习中的重要地位可见一斑。

诺丁汉大学应用语言学家 Norbert Schmitt（2015）在《词汇研究》中指出，对于学习过程中所包含的所有人，包括教师、学生和研究者，学习词汇是掌握第二语言的必要组成部分。构成语言的三大要素是语音、语法和词汇。Norbert Schmitt 认为，词汇与学习者的英语水平、语言技能的关联度最大，词汇量的扩充是提升英语语言技能的基础。

中国英语学习策略方面的研究开始于20世纪末的八九十年代。策略(strategy)在英文词典中的定义是"Specific actions taken by the learner to make learning easier, faster, more enjoyable, more self-directed, more effective, and more transferrable to new situations."文秋芳于1996年根据该定义指出，策略即学生为学好英语所采取的一系列行动。文秋芳讲学习策略分为三种，分别是：形式操练策略、功能操练策略和母语策略。形式操练策略主要指的是学习者在外语学习过程中，为学习语言知识进行的各种学习活动。运用此策略的学生有意识地学习单词、语音和语法知识，同时比较重视精听、精读，对语言的精准度尤为关注。功能操练策略指的是学生为获得特定的信息而进行的学习活动。例如，阅读外文报纸、与外国友人通信、听外语广播、看外语电视节目等，强调在大量接触和运用外语的过程中学习语言知识。而母语策略指的是通过语法翻译（grammar translation）的方法来学习外语的各项技能。

单词的掌握程度如何来衡量，是一个长期困扰英语教学的问题。大部分学生对词汇学习的基本认识是必须死记硬背，要牢牢记住单词的发音、字母组合、中文意思。对词汇的这种认识可能来源于对学生进行形成性评估的词汇小测验，可能来源于作业的布置，也可能源于学生家长以往学习的直接经验。

大多数英语课堂教学活动中，外语教师对于英语词汇教学是"粗暴"式处理，主要以机械性、复现练习为主的形式，学生经常被要求完成抄写单词的作业，而且是反复性的拷贝，或者反复跟读单词，抑或在社交媒体群组里反复朗读单词打卡，或者根据汉语写出英语单词。这些形式单一、内容单调的单词学习方式在国内普遍存在。

对词汇学习的形成性评价方式也是学生对英语词汇学习形成片面认识的重要原因之一。例如，大多数教师往往采取的是让学生默写单词或听写生词的形式检验学生对词汇的掌握程度，在此情况下学生很难不产生错觉。学生会片面地认为英语词汇是否掌握取决于是否能把单词默写或听写出来，甚至认为掌握了英语单词的拼写即掌握了该单词。

学生对词汇学习产生了片面认识，带来了负面影响。学习者比较重视单词拼写和中文意思，而如何准确使用词汇却没有得到应有的关注，也不重视应用型的词汇练习，反而特别重视复现单词为主的练习题，这多少有些本末倒置。在学习英语词汇的实践中，那些所谓的"红宝书"和"蓝宝书"极为畅销，被学生奉为圭臬。大多数学生对词汇的学习缺乏语境，对单词进行孤立的、机械的记忆，这很大程度上导致了学生有效应用词汇的能力比较薄弱，学生的主动词汇（active vocabulary）相对较少，而被动词汇（passive vocabulary）相对较多。

被动词汇是学生听得懂、认得出的词汇，而主动词汇则是学生在说话、写作中输出的词汇。主动词汇越多，在实际应用中越能得心应手，所以英语学习者要尽快把被动词汇转化为主动词汇。

要帮助学生学好英语词汇，教师必须引导学生对词汇学习形成正确、合理的认识，要落实到日常词汇教学和评价模式中，从而帮助学生了解掌握英语词汇的衡量标准，否则学生对词汇学习的片面认知会影响他们对待这个问题所采取的措施。

Harmer（1991）认为，要真正掌握一个英文单词，除了会拼写、懂发音、知释义外，还要了解其词性（part of speech）、词法（word grammar）、句法限制（syntactic specification）、构词法（formation）、习惯用法（idiom）、惯用搭配（collocation）及近义词（synonym）和反义词（antonym）。左焕琪（2001）认为，英语词汇教学应该囊括词汇形式（拼写、发音、词根与词源）、语法规则、常用搭配、功能及意义。Nation则认为，词汇教学应该包括单词的拼写、发音、语法特征、搭配、使用频次、文体特征、概念意义及该词与其他词语的共现。

由此看来，英语单词的学习涉及读音、词形、词义、词法、句法等多个层次。掌握单词所涵盖的内容远远超过"红宝书""蓝宝书"中所列出的内容，也绝非只是记住单词拼写和单词发音那么简单。

现举例说明。

例1：在笔者的英语课堂口头交流学习环节中，经常听到学生说"I feel happiness. /I am come from Beijing. /She is a handsome boy."这种不分词性、语法错误、人称错位的低级错误。产生这种错误的原因何在？笔者曾经在课堂上把问题抛给学生，引导学生去探究，分组进行头脑风暴，找出可能存在的原因。

学生在课堂上讨论异常热烈。他们认为："'I feel happiness.'中，显然是混淆了happiness作为名词的属性，而且也不了解系表结构的构成；'I am come from Beijing.'则是学生对动词'be'和'come'的重叠使用，也可能是受到母语'我是来自北京'的影响；最后一个例子中的'she'则是对'he'这个使用频率极高的人称代词的误用，主要是受到母语负迁移的影响。"部分同学认为汉语拼音中的"ta"可以指"他、她、它"三个汉字、三种含义，但英文中对应的却是"he, she, it"三个单词。

通过对案例的分析，学生对犯错频率较高的英语词汇学习有了全新的认识，并会在将来的英语学习中努力克服母语负迁移带来的负面影响，采取切实行动尽量避免此类错误的发生。

评析：教师在课堂上引入学生在词汇使用过程中出现的典型错误，引导其深入分析，探究原因。学生群策群力，最终找到了问题所在。通过这样的教学步骤，促成学生正确认识英语词汇学习，提升了词汇使用的精准度。

众所周知，构成语言的三大要素有词汇、发音和语法。其中，词汇最为活跃。历史变迁、社会进步、科学发展、国家实力等都能在词汇中找到印迹，它一定程度上反映了人类历史发展、变化的轨迹。例如，粤语中的"茄汁"被翻译为"ketchup"，"功夫"被译为"Kungfu"，中文中的"好久不见"被直译为"Long time no see"而成为地道英语，"以欺骗、胁迫、暴力相向而到船上做工"则被称为"be shanghaied"，这与19世纪末大量华工被坑蒙拐骗到美国做劳工有关。又如，近年来"Taikonaut（中国宇航员）"进入英语大辞典则反映了中国航空航天业的巨大成就等。

英文词汇承载的内涵是长期历史文化积淀，反映了历史、政治、社会、文化等方方面面的演变。学生在学习词汇时一定要充分了解英语单词的历史背景、文化内涵，否则在运用词汇交流时就会出现障碍。例如，"dog"这个单词在中文中不登大雅之堂，由此产生了诸多贬义词，如"狗腿子""狐朋狗友"等。但在英文中却截然不同，西方人对狗有特殊的爱恋之情，英语中出现了很多与狗相关的习语并无贬义，如"dog days（三伏天）""dog tired（十分疲乏）""lucky dog（幸运儿）""work like a dog（工作很卖力）""every dog has its own day（人人都有走运的那一天）"；又如，英语中的习语"cast pearls before swine（对牛弹琴）"，就来源于《圣经》的《马太福音》："Give not that which is holy unto the dogs, neither cast your pearls before swine, lest they trample them under their feet."由于"to cast pearls before swine"比喻确切，在后世不断引用中而成为一个国际性成语，常用来表示"to offer something valuable or beautiful to those who can't appreciate it; to give what is precious to those who are unable to understand its value"等意思，含有轻蔑嘲笑色彩。按其字面意义，这个成语与汉语成语"对牛弹琴"有异曲同工之妙，也可译为"向驴说经""一番好意给狗吃""狗咬吕洞宾，不识好人心"等。试想，如果没有相关的宗教文化背景知识，对于这个习语的理解可能就会出现偏差。

由此可见，帮助学生理解并掌握英语单词所蕴含的深层文化，会加深学生对单词的理解和记忆，并为将来跨文化交际打下坚实的基础。

2.2 培养单词拼读能力

英语单词拼读能力，指的是学生能够理解英文字母、字母组合和对应的发音之间的对应关系，并顺利掌握读音规则，遇到符合发音规则的单词时见词能读、听词能写的能力。

研究生入学英语考试的词汇量大纲要求都是5500的词汇量，加上全国硕士研究生招生考试英语试卷一般允许有5%的超纲词汇。因而，从理论上讲，进入研究生阶段的学生掌握的词汇量应该在5500～6000。考虑到大部分同学在备考过程中都只是在死记硬背单词的英文拼写形式和对应的中文意思，并不注意单词的字母及字母组合的发音规则，导致大量英语词汇成了被动词汇，在阅读过程中见到能认出来，但听不懂、不会使用。因此，有必要了解英语中的基本发音规则。

掌握单词拼读技能，可以有效解决研究生学习英语单词过程中的重复性、机械性、费时低效的问题。为摆脱学生死记硬背学习英语单词的习惯，教师一定要有意识地在课堂上培养学生的单词拼读能力。随着专业研究生阶段英语听、说等实际能力越来越得到重视，学生灵活运用单词的要求也越来越高，死记硬背的老一套学习英语单词的方法在研究生阶段已经不再适用。

2.2.1 自然拼读法

学生在拼读尝试中会发现，很多单词只要直接读出字母的发音即可。例如，"apt, credit, damp, kilt, pad, pelt, zest"等单词，根据汉语拼音规则就可以读准确。根据字母、字母组合的发音规律拼读单词称为自然拼读法（phonics）。

自然拼读法把复杂的发音归纳成有规律的、简单的发音，把英文的字母与发音联系起来，能有效解决学生学英语发音难、发不准音的问题。据研究发现，英语单词80%以上都符合一定的发音规则，只要学生掌握这些发音规则，并加以练习，就可轻松地做到看字读音、听音拼字。所谓自然拼读法就是根据语言发音的自然规则归纳而成的一种发音学习方法，它是根据"字母"本身代表的"发音"，以及不同"字母组合"的发音、找出相同的音源，对其做出系统的整合。

考虑到研究生阶段的学生已经掌握足够的听力词汇作为自然拼读法的有力支撑，运用自然拼读法必然会在单词拼读上事半功倍。

在自然拼读法学习中，有一个有趣的发音规则——"magic e"，即"辅音+元音字母a/e/i/o/u+e"的大部分单词中，元音字母都发字母的本音。例如，"bake, cape, tape, cake, mane"等单词中的"a"都发字母的本音，"pike, hike, pine"等单词中的"i"都发字母本音，"poke, coke, robe, yoke"等单词中的"o"都发字母的本音，"cube, tube, fuse"等单词中的"u"都发字母本音。

2.2.2 联想法

研究生阶段的同学，前期已经有大量词汇积累，已经掌握足够的词汇，这为他们织成了一张非常实用的词汇网络，让他们在学习英语单词过程中游刃自如。例如，学生在认读"toad"时，教师可以列出以下单词供学生拼读：load, goad, road, woad等供学生联想，由此学生可以获得字母组合"-oad"的正确发音；学习"coke"时教师可以列出"bloke, poke, woke"等单词。通过这样的举例联想，学生自然就掌握了字母组合的发音规则。

2.2.3 单词构词法

鉴于研究生在复习全国硕士研究生招生考试过程中已经积累了5500~6000的英语词汇量，势必已经掌握了大量的词缀，老师只需点到为止。例如，"-ability"作为后缀的发音即是单词"ability"的读音，教师可以列举"reliability, accountability, confidentiality, adaptability, availability"等单词；讲到"-aneous

（……有，有……特征的）"可以举例"miscellaneous, simultaneous, contemporaneous, extemporaneous, instantaneous, spontaneous"等；讲到"-gy"时可以举例"sociology, psychology, archaeology, anthropology, energy, philology"等单词。

2.2.4 音标拼读法

英语单词拼读能力的培养最终还是要回归到音标的教学。认读音标是最基本的语言技能，学习音标是英语单词拼读的根基。英语中的元音相当于汉语中的韵母，英语中的辅音相当于汉语中的声母，只要元音和辅音拼在一起，就可以像拼音一样读出来。英语音标一共有48个（元音20个，辅音28个），如表2-1所示。

表 2-1 英语音标

元音	12个单元音	长元音	[i:]	[ə:]	[ɔ:]	[u:]	[a:]	[æ]		
		短元音	[i]	[ə]	[ɔ]	[u]	[ʌ]	[e]		
	8个双元音		[ei]	[ai]	[ɔi]	[iə]	[eə]	[uə]	[əu]	[au]
辅音	10对	清辅音	[p]	[t]	[k]	[f]	[s]	[θ]	[ʃ]	[tʃ]	[tr]	[ts]
		浊辅音	[b]	[d]	[g]	[v]	[z]	[ð]	[ʒ]	[dʒ]	[dr]	[dz]
	3个鼻音		[m]	[n]	[ŋ]					
	3个似拼音		[h]	[r]	[l]					
	2个半元音		[w]	[j]						

利用音标拼读单词要遵循三步成音法：

Step 1：读音素。把每个音素都读出来。音素是英语语言中最小的单位，音素构成音节，音节组成音标。音节是单词拼读的基本单位，一般情况下，一个单词的音标里有多少元音就有多少音节。

Step 2：配对子。辅音在前，元音在后，辅音+元音构成一对子。一定注意不能配对的关系：元音和元音，辅音和辅音。

Step 3：拼读。见对子就拼读，如果没有配对，则读音标本音。

例如，单词 pediatrics 音标为 [ˌpi:diˈætriks]，经过辅音+元音配对后一共有 pe/di/a/trics 四个音节，由于 /æ/ 没有配对，直接读出音标本音即可。

2.3 提高词汇复现率

2.3.1 词汇复现率对英语词汇学习的影响

1885年，遗忘曲线由德国心理学家赫尔曼·艾宾浩斯（H. Ebbinghaus）研究发现，它描述了人类大脑对新事物遗忘的规律。遗忘在学习之后立即开始，而且遗忘的进程并不均匀。最初遗忘速度很快，此后逐渐缓慢。在信息的处理上，记忆是对输入信息的编码、贮存和提取的过程。从信息处理的角度看，英文单词的第一次学习和背诵只是一个输入编码的过程。但人的记忆力从生理上讲是十分惊人的，它可以存贮10^{15}比特①的信息，理论上可以将全世界图书馆的所有图书信息都记住。这是因为，有些人只关注了记忆的瞬时效果，却忽略了记忆中的更大的问题——记忆的牢固度问题，这就牵涉到心理学中人们常说的关于记忆遗忘的规律。

英语学习离不开语言的输入。语言输入对语言学习具有重要影响，但是不同的语言输入会产生不同的学习结果。例如，输入的语言如果让学习者感到很难理解，则不利于学习；如果输入的次数过少，学习者固然可以理解，但容易遗忘，同样也不利于语言学习。总之，在语言输入对语言学习的影响因素中，语言输入的频率对二语习得的影响是一个非常值得关注的问题。

英国心理学家Nick Ellis认为，频率在二语习得中扮演着至关重要的角色。他认为，频率对单词拼读、单词识别、词法习得、习语表达、句法理解、语法判断和句法习得都有影响，并指出人们对不同层次语言现象的处理与加工都依赖于语言分布的频率。因此，他提出了以频率为中心的二语习得理论，认为频率是语言学习的决定因素，在语言习得理论中占有不可替代的重要地位。

相关实证研究也表明，影响学生记忆单词的一个重要因素是词汇的复现率（reiteration）。应用语言学家Kachroo（转引左焕琪，2001）曾经在印度的学校就英语教材中词汇复现率，在学生记忆单词中的作用做过实验。结果发现，大部分学生都能掌握在教材中出现7次以上的单词，却无法掌握只出现

---

① 二进制数字中的位，信息量的度量单位，是由英文Bit音译而来，为信息量的最小单位。

1~2次的单词。

由此可见，教材编写者和一线教师应该尽可能增加单词的复现率，以保证学生在单词记忆上能够实现较好的效果。

2.3.2 提升英语词汇复现率方法

2.3.2.1 近义词复现

近义词（synonym），或者可称为同义异形词，是世界各国语言都存在的一种语言现象。它指的是表达意义相同、相似，表达形式不同的词汇。不仅有同义现象，不同句法结构的句子亦可表示同一意义。事实上，超过3/5的英语词汇存在同义现象。到了研究生阶段，学生的词汇积累达到一定的规模，教师可以运用近义词联想，"以旧带新"，巩固学生词汇量。

例2：笔者任教学校处于华北，冬天气温较为寒冷，很多学生来自南方，对寒冷没有概念。笔者课堂上讲到 frigid（寒冷）这个单词时，向学生提出疑问，"What other words can you think of to refer to cold weather in English？"（英语中还有哪些单词可以指"寒冷"？）一部分同学说出"cold, freezing"等同学们耳熟能详的词汇。笔者又补充以下单词和短语：chilly, frosty, icy, nippy, biting, arctic, glacial, wintry, bleak, brass monkey weather, bone-chilling, chilled to the marrow，并鼓励南方同学使用这些单词和短语造句。当时正值寒冬腊月，室外天寒地冻，学生通过这种方式实践练习英文词汇，无疑提升了词汇学习效果。

评析：结合具体环境采取特定方式学习、练习英语词汇，增加单词复现率，借此复习巩固词汇，提升学生的词汇运用能力，不失为一种有效的英语词汇学习手段。

2.3.2.2 反义词复现

反义词（antonym），指的是两个意思相反的词，包括绝对反义词和相对反义词。表达的概念意义或互相排斥，譬如 include—exclude, knowledge—ignorance, maximum—minimum, optimist—pessimist, positive—negative。教师在教授词汇时可以引入该词的反义词，用以提升单词的复现率。

例3：笔者在讲解"generous"（慷慨、大方）时，让学生使用各自手机上安装的网络词典和搜索引擎找到与该词具有相反意义的单词,并设置了3分钟的时长。随后,学生列举出 "greedy, mean, uncharitable, stingy, miserly, skimp" 等表示 "吝啬、抠门" 的词汇,然后安排时间让学生对这些反义词进行比较、谈论,并一一造句。

评析:在教授英文单词时让学生使用手机的网络词典查阅,提升了学生的课堂参与度和学习积极性。通过查找反义词,增加了单词复现率,实现了词汇知识内化,取得了较好的词汇学习效果。

2.3.2.3 同音词复现

同音词,指的是发音相同、意义不同的词。语言系统中并不存在一对一完全对应音、形、义的词汇,有时即使发音相同但意义却截然不同,如 pray (祷告) — prey (猎物),sweet (甜蜜的) — suite (套房)。

事实上,英语中有两类同音词,分别是同音同形异义词(homonym)和同音异形异义词(homophone)。

例 4:笔者在讲解单词 "principle"(原则)的时候,向学生展示了 "principal"(校长),讲到 "guerrilla"(游击队)向学生展示了单词 "gorilla"(大猩猩)。引导学生分析两组同音词所属类型,并要求学生找出更多的同音异形异义词。经过手机搜索和词典查阅,学生提供了以下答案:

allowed — aloud,允许—出声

ate — eight,吃—八

bare — bear,贫瘠的—熊

board — bored,板子—无聊的

cellar — seller,地窖—卖方

doe — dough,雌鹿—生面团

flea — flee,跳蚤—逃跑

knead — need,揉捏—需要

made — maid,制造—女仆

peak — peek,高峰—瞥

sail — sale,航行—售卖

sole — soul,鞋底—灵魂

tail — tale,尾巴—故事

threw — through,扔—通过

之后，笔者针对同音异形异义词进行解释。这些单词首字母大小写不同，或词性不同，或使用的语境不同，意思大相径庭。例如，china（瓷器）和China（中国），japan（漆器）和Japan（日本）。笔者讲解完后，鼓励学生通过手机词典和搜索引擎找到同音异形异义词。学生顺利找出以下词汇：

Carol — carol，凯洛（人名）— 赞歌

Grace — grace，格蕾丝（人名）— 优雅

Turkey — turkey，土耳其—火鸡

为让学生充分区分同音词的不同意义，笔者鼓励学生在词汇复现的过程中用词造句。学生造句如下：

The book is <u>sale</u>.

此书正在出售。

They will set <u>sail</u> tomorrow.

他们明日起航。

<u>Buck</u> is a dog's name in the novel *Call of the Wilderness*.

巴克在《野性的呼唤》这部小说中是一条狗的名字。

He earns a lot of <u>bucks</u> each month.

他每个月挣很多钱。

The river is rich because it has two <u>banks</u>.（bank 河岸，银行）

这条河很富足，因为它有两家银行。

随后，笔者告诉学生，英语同音词用途广泛，常用于双关语（pun）中，文字顿时显得诙谐风趣，妙趣横生，往往可以收到奇特的表达效果，并举出以下两个例子供学生探讨同音词的语用效果，鼓励学生开动脑筋把两个句子译为中文。

① We aim to please. You aim too, please.（aim，同音同形异义）

② More sun and air for your son and heir.（sun 和 son, air 和 heir, 同音异形异义）

学生分组讨论，头脑风暴后给出了以下解释和翻译。

① 一般出现在男厕小便池上方，可以译为"我们的目标是让您满意，请您对准瞄好"。其中，"to"与"too"为同音词，但意义却迥然不同。"We aim to please"中的"please"为动词，意为"让人满意"；"You aim too, please"中的"please"是感叹词，意为"请"。

② 是国外一家海滨浴场的广告，用了"sun"（阳光）— "son"（儿子），"air"

（空气）— "heir"（后代）两对同音词，构成了双关。可以译为"更多的阳光和海风，只为您和您的家人"，该广告成功吸引了顾客的注意，结果赚得盆满钵满。

评析：在讲授同音词时，笔者鼓励学生充分利用随身携带的手机作为工具，利用网络词典和搜索引擎找到两种类型的同音词，即同音同形异义词和同音异形异义词。随后，教师鼓励学生使用同音词造句，加深了学生对同音词所表达的不同含义的理解。最后，教师通过引出双关标识语对同音词的用法进行升华，让学生充分感受到英语语言的魅力。

2.3.2.4 派生词复现

派生词是英语中主要构词法之一，主要借助于前缀、后缀而造出派生词，主要有名词、形容词和动词三种词性。需要注意的是，词缀必须依赖于单词才有意义，不能单独出现在句子中。

例5：为提升派生词的复现率，巩固学生词汇学习效果，增加学生词汇量，笔者在讲解完前缀、后缀知识后，要求学生在课下利用词缀知识造词，上课时展示。学生的部分展示如下：

①前缀（prefix）：前缀由一个字母或一组字母组成，附在单词的开头，表明或修饰词义。通常情况下，词意改变，词性不变。

前缀 dis- 表示意义相反，主要用在动词之前，间或用于名词或形容词前。如：appear 出现→ disappear 消失，like 喜欢→ dislike 不喜，cover 遮盖→ discover 发现，obey 服从→ disobey 不遵从，believe 相信→ disbelieve 不相信，honest 诚实的→ dishonest 不诚实的，advantage 优点→ disadvantage 缺点。

②前缀 in-，im-，un-，il-，ir-用在形容词前，表示否定意义。如：
glorious 光荣的→ inglorious 可耻的
capable 称职的→ incapable 不称职的
probable 可能的→ improbable 不可能的
fortunate 幸运的→ unfortunate 不走运的
legal 合法的→ illegal 非法的
regular 规则的→ irregular 不规则的

③前缀 re- 表示"重新，再"，用在动词或名词前。如：
rebuild 重新建造，recycle 再循环，reconsider 重新考虑，review 复习。

④前缀 post-表示"后"，用在动词、名词、形容词后。如：

postscript 后记，postpone 推迟，posterity 后代，postlude 终曲，postgraduate 研究生。

⑤前缀 de-为英语前缀来自拉丁语，意为"away from"，所以这个前缀的意义之一就是"离开""出"。它构成的词有一定规律性，常表示"离开"的概念，而且常与介词 from 等搭配。例如：dethrone（废黜），deport（驱逐出境），deduce（推断），demobilize（遣散，使退伍），depoliticize（使非政治化），derail（脱轨）等。

前缀 de-还表示"除去""取消"及"否定""非""相反"的意思。例如：decamp（撤营），decode（解码），deforest（砍伐森林），decolonize（非殖民化），desalt（使盐分离开，脱盐化），deescalate（降级），devaluation（贬值）。

英语中，还有很多表示同一意义的前缀。例如，表示"低""下"的前缀有：

hypo：hypocrisy（伪善，虚伪），hypothesis（假设），hypochlorite（次氯酸盐）；

infra：infrared（红外线），infrahuman（低于人类的），infrasonic（亚声的，次声的）；

sub：sub-editor（副编辑），subway（地铁），subconscious（下意识的），submarine（海下的），subtropical（亚热带的），subtitle（副标题）。

某同学在讲授 sub-作为前缀的用法时，引入郑州地铁 2021 年 7 月遭受洪灾的外媒英文报道：Passengers were trapped inside submerged subway as deadly floods sweep central China. 以句子形式巩固大家对英文词汇"subway"（地铁）的理解。

后缀（suffix）：后缀由一个字母或一组字母组成，附在单词的尾部，表明或修饰词义。通常情况下，词性改变，但词意保持不变。

后缀是一种重要的构词法，通过后缀常常可以判断出一个词的词性。下面是常见后缀及其含义：

①名词后缀。常见的此类后缀及其具体含义如下：

-ster，-eer，-er（or）意为：从事某种职业或参与某种活动的人（person engaged in an occupation or activity）。

例词：gamester, gangster, songster, youngster, engineer, profiteer, mountaineer, auctioneer, director, actor, professor.

-let 意为：小或者不重要的东西（small, unimportant things）。

例词：booklet, leaflet, starlet, piglet, droplet（微滴 小滴）。

－ette 意为：

小的东西（small），例词：cigarette 香烟；

假的东西（imitation），例词：leatherette；

女性（female），例词：usherette。

－ess 意为：女性（female）。

例词：actress, poetess, hostess, waitress, mistress.

－hood 意为：时期（period）。

例词：boyhood, childhood, manhood.

－ship 意为：才能，状态，资格，品质等（skill, state, condition, status, quality）。

例词：leadership, friendship, membership, lectureship, sportsmanship, stewardship.

－ful 意为：量（the amount which noun contains）。

例词：cupful, handful, mouthful, spoonful.

－tion, －ion 意为：状态，行动，机构等（state; action; institution; etc）。

例词：action, oppression, possession, starvation, organization.

－ment 意为：状态，行动等（state; action; etc）。

例词：movement, enslavement, pavement.

－al 意为：动作（action）。

例词：arrival, refusal, revival, recital, removal.

－age 意为：程度，数量等（extent; amount; etc）。

例词：wastage, milage, acreage, shrinkage, breakage, hostage.

－ness；－ity（ty）意为：状态，品质（state; quality; etc）。

例词：happiness, usefulness, selfishness, kindness, rapidity, activity, sanity, changeability.

－ism 意为：道义，主义，学说等（doctrine of; practice of）。

例词：idealism, Marxism, impressionism, absenteeism, racism.

②动词后缀。常见的此类后缀及其具体含义如下：

－ify 意为：转为，变为（to turn into; to make or become）。

例词：beautify, diversify, simplify, calcify.

－ize；－en 意为：使……，变得……（to make or become; to make into）。

例词：computerize, informationize, westernize, modernize, popularize, legalize, hospitalize, symbolize, ripen, widen, heighten, threaten, dampen, sharpen.

－ate 意为：增加，使……（give or add；make or become）。

例词：accelerate, carbonate, originate, hydrogenate, validate, differentiate.

③形容词后缀。常见的此类后缀及其具体含义如下：

－ful 意为：充满，有（full of；hav－ing；giving；etc.）。

例词：useful, pitiful, hopeful, helpful, forgetful, thankful, fearful.

－less 意为：没有，无（without；not giving）。

例词：speechless, childless, harmless, friendless, meaningless, thoughtless, listless.

－ly 意为：有……品质的（having the qualities of）。

例词：beastly, manly, brotherly, friendly, comradely.

－like 意为：像……的（like）。

例词：childlike, statesmanlike, tigerlike, gentlemanlike, ladylike, businesslike

－y；－ish 意为：像……一般的（somewhat like）。

例词：meaty, sandy, silky, hairy, leafy, watery, foolish, girlish, blackish, thinnish.

－some 意为：像……一样的；引起……的；有……品质的（like；causing；having the quality of）。

例词：troublesome, burdensome, wholesome, tiresome, bothersome.

－able（ible）意为：能……的；可以……的（able to be；capable）。

例词：accessible, expansible, convincible, persuadable.

－ed 意为：有……的（having；etc）。

例词：wooded, pointed, moneyed, odd－shaped.

－al 意为：有……属性的，……类型的（nature of, typical of）。

例词：cultural, personal, regional, musical.

－ary（ory）意为：属于……的，与……相连的（belonging to；connected with）。

例词：revolutionary, imaginary, contradictory.

－ous 意为：富含……的；有……品质的；像……的（full of；having the quality of；like）。

例词：glorious, erroneous, malicious, gracious.

−ic（ical）意为：……类的；属于……的（typical of; belonging to）。

例词：historic, historical, methodic, methodical, dramatic, heroic.

−ive 意为：有……属性的；有某种倾向的（having the nature or quality of; given or tending to）。

例词：attractive, talkative, restrictive, defensive, preventive, constructive, sensitive.

评析：通过对相关词缀知识的讲解，增强了学生对英语造词法的了解，扩充了词汇量；通过课下的准备和课堂展示，提升了派生词复现率，加深了学生对词汇前缀、后缀的认识，促进了词缀知识内化吸收。

例6：笔者在课堂上讲授英语中出现频率不高的−let 后缀时，曾引用世界卫生组织（WHO）2020 年 3 月 29 日的报道 COVID−19 can be transmitted through droplets of different sizes.（新冠肺炎可以通过飞沫传播），并要求学生思考句子中的"droplets"是什么意思。经过共同讨论和网络搜索，学生顺利掌握该词汇的内涵，加深了对"−let"做后缀的认识。

评析：教师适时引入学生关心的新闻报道，将其融入派生词的讲解中，把时政和英语词汇学习有机融合在一起，引导学生学习词缀知识的同时实现了育人的目的。

总之，词缀可以极大地改变词语的形式和含义，了解各种前缀和后缀及其含义可以帮助学生正确拼写单词理解单词的用法，并且会方便学生推断单词的意义，减轻学生记忆单词的负担，提高其记忆效率，最终扩大学生的词汇量。教师在讲授动词、名词、形容词时可以参考以上案例，让学生了解并掌握词缀的具体用法。

2.3.2.5 语义场复现

语义场理论（The theory of semantic field）由德国学者 J. Tries 首创。所谓语义场又叫词汇场，是一个系统，它把相互关联的词汇和短语组织起来，显示其间的相互关系，意义相关的 W1、W2、W3……，构成一个集合，称为词汇场，词汇场 F1、F2、F3……的集合构成某一语言的词汇总和 V（vocabulary）。

现举例说明。

例7：笔者在讲到语义场复现时曾让学生分析典型例句"Genius is two percent of inspiration and ninety−eight percent of perspiration."（爱迪生名言：天才是2%的灵感加98%的汗水）和"Disease: ill, pill, bill and sometimes will."（疾

病：患病、吃药、付账单，有时可能意味着遗嘱）。

引导学生从语义场的角度思考"汗水"对应的英文单词有哪些，为什么第一句使用了相对比较冷僻的英文单词"perspiration"，而没有使用大家耳熟能详的单词。从语义场角度找出"药"对应的英文单词，思考为什么此处使用"pill"而非大家常见的"medicine"。大家群策群力，最终找到了原因。

评析： 爱迪生名言中的"perspiration"（汗水）的相同语义里至少还有"sweat"，如果把其借代的同义抽象词汇也考虑进来，还可以包括"diligence"及"industry"等。爱迪生选用"perspiration"主要是为了与前面的"inspiration"一起形成相互衬托、相映成趣的语义场修辞效果。再以第二句中的"pill"为例，与它在同一语义场内的英语词汇有 medicine, medication, remedy, drug 等诸多词汇，但例句唯独选用 pill，其目的是维持4个名词押尾韵的特征。

通过这样的探讨，学生对语义场复现内涵和英语修辞有了更深刻的理解和认识。

例8： 笔者也曾举以下例句让学生从语义场角度思考 bear／bore／board 的用法：Parents bear children, bore teenagers and board new weds.（父母生育子女，批评青少年而招致他们的厌烦，孩子新婚时又要为他们提供吃住）。通过积极探讨和教师引导，同学们顺利找到了答案。例句中三个动词 bear／bore／board 使用的押头韵（alliteration）修辞手段，第一个 bear 定下了基调，后两个词就都选用了以字母 b 为首的词语。且不说 bore，先谈一下 board，与它在同一语义场的单词就有 lodge, house, quarters, put up, accommodate 等，但唯有选用 b 开头的 board 才能维持头韵的同步性。通过押头韵修辞，整句读来朗朗上口，让人回味无穷。

评析： 通过对典型例句的分析，加强了学生对英语语义场的认知，加深了学生对英语中的押头韵修辞和语用表达效果的理解，真正体会到了英语语言的魅力。

例9： 笔者在讲到2022年北京冬奥会时，利用语义场复习 Winter Olympic Games 相关运动词汇，增加相关冬奥会运动词汇的复现率。笔者提到的运动项目有 alpine skiing（高山滑雪），cross-country skiing（越野滑雪），freestyle skiing（自由滑雪），Nordic combined（北欧两项），ski jumping（跳台滑雪），biathlon（冬季两项），curling（冰壶），ice hockey（冰球），short track speed skating（短道速滑），snowboard（滑雪板），bobsleigh（雪橇），figure skating（花样滑冰），luge（单人雪橇），skeleton（钢架雪车），speed skating（速度滑冰）等。

评析： 受客观因素制约，冰雪运动在国内受众相对有限，中国学生对其比较陌生，认识也不够全面。因此，笔者在讲授奥运会之际利用语义场引导学生全面认识冰雪运动，推动我国冬季运动的健康有序发展。

以上介绍的五种词汇复现案例在笔者的教学过程中都有所运用，并且收到了良好的效果。学生反响较好，记忆单词事半功倍，对英语单词学习不再有畏难情绪，对英语学习信心大增。此外，教师可以引导学生多看英文电影和电视节目、多唱英文歌曲、多读英文原著、多听英文新闻等多种方式提升英文词汇复现率。

总之，教师在教学活动中要充分备课，合理安排，多管齐下，对目标词汇进行有效的复现；同时更要培养学生主动进行词汇复现的意识，并适时给予必要的指导。

2.4 开展英语语块教学

2.4.1 英语语块教学

结构主义语言学将语言知识拆解为词汇、语音和语法，将语言技能拆解为听、说、读、写等能力。结构主义语言学认为，语法是构建语言的基本结构，包括词法和句法。词汇则是构建语言的砖瓦石块，包含构词和词义。结构主义语言学长期影响外语教学领域，单词一直被视为词汇教学的基本构件，单词组成词组，然后按照一定语法规则进行组装，最终组成句子。

大量的教学实践发现，把单词作为基本单位进行教学存在诸多弊端。例如，它没有充分利用人们短时记忆的特点而导致记忆资源白白浪费。人们短时记忆容量约为七个信息单位，每个单位可以是单词、短语、句子。试想，在学习英语词汇时如果总是以单词为单位，而不是以词组、句子或语块（chunk）为单位，人们的短时记忆资源就会因没有得到充分利用而白白浪费。

笔者在长期教学实践中发现，学生在进行语言输出时，时常把若干个单词从长时记忆中调取出来，然后按照约定俗成的句法和语法规则表达，耗费时间较长。在这个过程中，学生一边组合，一边输出，导致出错的概率比较高。

例10：笔者在任教专业学位研究生英语课程中，经常能听到学生犯下面的错误：

① My dad married with my mom thirty years ago.

② I went to home was last month.

评析：研究生阶段的同学已经学习英语十多年，出现这样的问题实属不该。且不说例句2中的中式英语结构，两句中的搭配都有错误。究其原因，学生在长时记忆中储存的往往只是单词，而不是以语块为单位的词语搭配（marry somebody 与…结婚，go home 回家）。由此可见，开展语块教学非常有必要。

何为语块？语块在英文中的对应单词为chunk，它是语言的半成品，可以作为储存和输出的基本单位。Becker（1975）提出语块概念，并用特殊语块（idiosyncratic chunks）和预制语言（prefabricated language）来描述这一语言现象。Becker认为，语块是以整体形式存储于大脑中的一串词汇，可以整体或稍作改动后作为预制组块提供给学习者使用。Krashen（1978）则把语块看作是semifixed patterns（半固化的结构）。Lewis（1993）把这样的语块称为词汇组块（lexical chunks）。Ellis（1994）则把语块看作是类似问候语序列的字词，它是固定的并且是可预测的，因而便于学习者掌握。Wray（2002）则把它定义为"一串预制的连贯或不连贯的词或其他的意义成分"。

目前，国内学者普遍接受的语块概念是2000年Nattinger和DeCarrieo提出的。他们将其称为语块（chunks of language），指的是使用频率高、用途广泛的短语，语言的流利度不取决于学习者大脑中存储了多少语法规则，而是取决于多少语块。

语块作为一个整体储存在记忆中，使用时直接提取，无须语法分析和生成。因此语块在结构上具有整体性特点，在意义上有一定的约定俗成性，其形式相对稳定，能够保持语言的原汁原味特点。所以在语言的输出过程中学生所选择的词语就更符合英语的语言习惯，有效避免了Chinglish（中式英语）的干扰。

Nattinger和DeCarrio（1992）将语块分为四类：

① 多词语块（polywords）：

该语块中间不能加入其他词汇。

例如：after all, not at all, look at, listen to.

② 俗语语块（institutionized expressions）：

大多数此类词块符合语法规则。格言、谚语、警句、社交套话隶属于俗语词块范畴。

例如：Pride goes before a fall. How are you doing? Nice to see you.

③ 短语语块（phrasal constrains）：

像 to one's_____（surprise/joy/excitement）和 the_____（比较级），_____（比较级）这一类别的语块中可以填充同一词类，如名词、形容词。

④ 句子构建语块（sentence builders）：

It is imperative that_____, I am sure/afraid that_____, I am from_____, He is_____等这一类语块中，空格处填入合适的句子或单词、短语，就构成了意义完整的句子。

由此看来，语块是具有特定语义和结构，以半固定或固定形式存在的词语组合。有些语块是固定的，如 here and there, back and forth, in a nutshell 等；有些语块则是不固定的，如 as a consequence of_____, as far as I can_____（see/tell/remember）等。

语块融合语境、功能、句法、词法、语义，受词义搭配和语法结构的双重制约。因此，基于语块的教学事实上是把结构主义语言学家分开进行的词汇教学和语法教学进行了一定程度的整合，最大限度地避免因为词汇与语法分开教授而导致学生在外语输入和输出过程中可能出现的种种问题，如中式英语（Chinglish）：I am come from China.

2.4.2　词汇语块教学法的优势

语块教学法（lexical approach）的创始人 Michael Lewis（1993）认为，语言并非由传统的词汇和语法组成，而是由多词的预制语块组成。人们在使用语言的时候，句子的生成并不是依靠语法把单词组织起来。Lewis 认为，在此过程中人们使用的是预先编制好的语块。语块的使用使语言的输出变得更加方便、快捷和流畅。

Lewis 首创的语块教学法，将语块作为语言教学的基本单位。语块一般是按照语法规则生成的语言单位,学习者使用时不需要有意识地留意语法结构,从而大幅缩短了从理解到语言产出的时间,极大提高了语言使用的准确度,提升了语言的流利度。

Pawley 和 Syder(1983)研究后发现,语言使用者的大脑每次最多能加工处理 8~10 个单词,而母语使用者则能更加流利地输出包含更多单词的复杂句。该发现表明,母语为英语的使用者在大脑中存储了大量大于单词的语块,每个语块作为整体存入大脑,这样既不会增加记忆的额外负担,同时又可以在使用时随时提取出来。不难看出,以语块为单位学习语言在输入和输出时都有很大优势。语块不局限于单词、短语,也可以是谚语、习语、警句等集词汇、语法和语用三位一体的板块,学习者在学习语块时不只是在学习英语单词,还包括语法结构和语用功能。

例如,英语为母语的学习者在输出下面语块时,往往可以不假思索,脱口而出。

Be always as merry as ever you can, for no-one delights in a sorrowful man.
务请心情常欢畅,只因无人喜忧伤。

You can lead a horse to water, but you can not make him drink.
不能强人所难。

第一句共 16 个词,第二句 14 个词。然而英语母语的人在说这两句话时并无停顿。这是因为这些句子是作为词块(lexical phrase)整个存储在大脑中的,不必临时再做组合,便可脱口而出,减少了大脑认知、处理信息的额外负担。因为词语之间"黏着"(cohesive),那些使用频率高、较为熟悉的词块才能作为整体存储于人的大脑之中。

再如,on the whole 的结构是"介词+冠词+名词",generally speaking 的结构是"副词+动词",它们既是语法结构,同时又有语用功能,两个短语的意思分别是"整体上来看"和"一般来讲"。

语块具有很大的稳定性,方便记忆和运用。将语块作为整体学习语言,有效减少记忆和输出的时间,从而最大可能地避免了因临时构造句子而可能出现的词汇搭配、语法、语用等多个方面的错误,学习者可以将注意力放在更大的语言单位和交际流利度上。例如,"go home"(回家)而不是"go to home","elementary school"(小学)而非"small school","zoo"(动物园)而不是"animal park","heavy snow"(大雪)而不是"big snow","strong wind"(大风)而不是"large wind"等不一而足。

语言是文化的载体，语块往往能折射出目标语文化。因此，教师可以运用语块帮助学生更好地学习并理解英语文化。如 keep up with the Joneses（和琼斯一家保持一致，赶时髦，比阔气；来源于美国纽约的一个年轻人根据亲身体验而创作的漫画）、Pandora's box（潘多拉的盒子，灾祸之源；来源于希腊神话）、Achilles' heel（阿喀琉斯之踵，致命要害；来源于希腊神话）、man Friday（忠仆，得力助手；来源于英国作家笛福的《鲁滨孙漂流记》）、sour grapes（酸葡萄，吃不到葡萄就说葡萄酸；来源于《伊索寓言》）、dark horse（黑马，爆出冷门的获胜者；来源于西方的赛马）。

相关实验表明，有效开展语块教学能增强学生的使用语块的意识，明显提升学生使用语块的频率，提高了语言生成的速度和准确度，有效地克服母语负迁移带来的负面影响，改善学生跨文化交流的质量。由此，我们可以得到诸多启发。

首先，语块教学法在实际教学过程中是行之有效的。

其次，实施语块教学法，教师必须转变教学理念，以语块理论为指导，教学过程中将语块整理、提取并记忆，从而最大限度地使语言输出更加地道和准确，积极引导学生树立语块意识，并借助教学手段为学生创造机会帮其在交际中得体地使用语块，有效提高学生的语用能力，夯实学生的英语交际水平。

再次，语块的数量极其庞大，仅仅依靠课堂教学实属杯水车薪，所以必须有意识培养学生自主学习语块，帮助学生学会利用手头的字典、词典、报纸、杂志、语料库和网络等工具，增加语块的输入量。

2.4.3 词汇语块教学的实施方式

词汇教学过程中，教师一定不能纠结于上述语块类型，完全没有必要在一个短语或习语隶属哪种语块而耗费大量时间。语块教学的首要目的是培养学生对英语语块的意识，提升学生对语块的敏感度。换句话说，语块教学的目的是帮助学生了解语块在英语学习中扮演的角色和发挥的作用，让学生充分意识到英语词汇的学习不能局限于孤立地背诵单词，培养学生学习和使用语块的意识，提升学生的英语综合运用能力。

下面我们就如何利用语块理论开展词汇语块教学进行探讨。

2.4.3.1 根据语块功能组织教学

例11：笔者在讲授英语课时就曾介绍给学生"不客气"功能的语块：

You are welcome. 不客气。

You bet. 别客气，这是一定要帮忙的。

Anytime. 随时乐意帮忙。

Sure 应该的。

Certainly. 应该的。

Sure thing. 应该的。

It's nothing. 小事一桩，不足挂齿。

No big deal. 没什么大不了的。

Not at all. 这不算什么。

Don't mention it. 不值得一提。

My pleasure. 我很乐意帮忙。

No problem. 没问题。

No worries. 没问题。

I'm glad to help. 很高兴能帮到你。

It's my pleasure. 很高兴能帮到你。

评析：这15种表示"不客气"的回答中有6个句子，9个短语。其中，You are welcome/You bet/Anytime 在美式英语中比较常用，在好莱坞电影中经常可以听得到。学生在掌握15种表示"不客气"的语块之后，与外国人交流时也会主动输出，语言地道流利，同时也能了解英语国家的文化。英语国家，尤其是处在低语境文化中的美国和加拿大，在生活中往往会表现得十分客气，哪怕是家人或很要好的朋友间随便帮点忙都一定要道声"谢谢"。但在高语境文化的中国，免不了会让人觉得过于生疏。

例12：笔者在教授"问候"语的时候就利用语块理论给学生展示英语中的可以表示问候的语块：

How are you doing？

How are you faring？

How are you？

Nice to meet you.

Nice to see you.

How is it going?

How have you been?

How is everything with you?

Long time no see.

Hey, there!

Please say hello / hey / hi to somebody.

Please give my wishes / regards to somebody.

评析：在以上12种问候语中，美式英语中最常见的问候方式是"How are you doing?"这个语块。中国学生在听到主句在美国最司空见惯的问候语后，一般会把其当作"What are you doing"，出现"I am ___ing."这样的错误回答。事实上，美国英语中的"How are you doing?"跟大家耳熟能详的"How are you?"都表示"你好吗？" 据考证，"Long time no see"（好久不见）这个说法可能来自中文。19世纪50年代美国加州淘金时期，大量的华籍劳工到美国西岸淘金，由于其文化程度不高、英语水平极其受限，彼此之间见面都会说带着中式口气的"好久不见"。由于华籍劳工数量众多，这个说法后来逐渐融入了美国英语口语。由此可见，掌握功能语块，能有效提升语言沟通的精准度和流利度。

2.4.3.2 根据文体特点组织语块教学

文体（genre），指的是语篇的体裁，如记叙文、说明文、议论文、描述文等。常用的文体各有各的特征，而且与一定的语篇结构相对应。通常情况下，作者的逻辑思维结构要借助一定的语篇结构来反映，所传递信息以哪种方式、何种顺序呈现给读者。从这个意义上来看，文章的遣词造句和行文结构都有一定的套路，它们具有一定的规律。梳理这些特点能够帮助学生理解文章的脉络、逻辑思路和写作结构，从而加深对语篇的理解。

例13：笔者在教授学生学习议论文写作时就借助以下语块：

开门见山的语块：Recently the problem of ... has aroused people's concern / has been brought to public attention / has been brought into focus, Man is now facing a huge problem of..., which is becoming more and more serious / One of the serious problems facing us at present is... / It's generally recognized that...is in deep trouble...

提出优点的语块：The advantages / upsides are..., be good / helpful for... / exert a positive influence on... / benefit from...

指出缺点的语块：The disadvantages / downsides are..., be harmful to / do harm to / exert a negative influence on...

表示因果关系的语块：therefore / thus / consequently / hence / as a result / as a consequence...

表示顺序的语块：in the first place / in the beginning / to start / begin with / first of all / first and foremost / in the second place / firstly / secondly / thirdly / subsequently, afterwards, last but not least...

表示对比的语块：however / although / whereas / despite / in spite of the fact / on one hand, on the other hand / on the contrary / in contrast / nonetheless / instead / alternatively...

举例说明的语块：for instance / for example / such as / namely / in other words...

归纳总结的语块：in a nutshell / in a word / in sum / in short / to sum up / to boil down / on the whole / in general / broadly / generally speaking / in most cases / in conclusion / in short...

评析：根据文体特点给学生讲授完语块知识后，笔者发现，学生在阅读过程中提高了速度，同时在口语和写作两项语言输出过程中条理更加清楚，层次更加分明，结构更加清晰，在高利害测试（high-stakes test）中往往能够拿到更为理想的分数。由此可见，根据问题特征进行语块教学是行之有效的。

2.4.3.3 根据同义关系组织语块教学

英语中有诸多语块表示的意义是相似或接近的。例如：

很多（修饰可数名词）：many a, a great many, a good many, a large number of, a myriad of, a multitude of, a lot of, lots of, scores of, dozens of...

利用：employ, utilize, make use of, take advantage of, draw upon...

教师在组织教学过程中，可以设计活动，指导学生认识、理解、掌握同义词块，在语言输出过程中能有效避免过多的重复（repetition），可以充分使用多样化的词汇（a wide range of vocabulary），让输出的语言看起来更加丰富。

2.4.3.4 根据反义关系组织语块教学

英语中有很多意义相反的语块，例如：

On the contrary, in a similar way

In danger, in safety

In a narrow sense, in a broad sense

Take the short view, take the long view

在实施具体教学过程中,教师可以设计一定的活动,指导学生加深对英语反义语块的认识和把握。

2.4.3.5 根据汉英语块意义和结构对应关系组织语块教学

语言是相通的,英语和汉语的很多习语都有相同或相似的意义。教师可以充分利用两种语言的相似性来开展语块教学。

例14:笔者在对英汉两种语言进行对比和比较时曾鼓励学生找出英汉两种语言相似的习语。经过头脑风暴,学生找到了以下语块:

Pride goes before a fall. 骄必败。
Don't cry over spilt milk. 不要为打翻的牛奶瓶哭泣。
The grass is always greener on the other side. 风景那边独好。
What is done is done. 覆水难收。
There is no free lunch in the world. 天下没有免费的午餐。
All work and no play makes Jack a dull boy. 只工作不玩耍再聪明的孩子也变傻。
Too many cooks spoil the broth. 厨子多了坏锅汤。
As stubborn as a mule. 犟如驴。

评析:根据汉英语块结构和意义进行比较,学生可以感受到两种语言在表达上的相似之处和差异,对这些语块采取整体输入和输出的方式学习,可以有效提高学生英语输出的准确度,最大程度上避免了中式英语结构,保证语言输出的地道和得体。

以上讨论了英语语块教学的组织方法。教师在实施教学过程中打破教材限制,打破篇章限制,有意识地培养学生学习英语语块的意识,引导学生记忆英语语块,并把独立的语块组建成语块群,最终助力学生在语言输出过程中确保语言的准确地道。

2.5 词汇教学的其他方面

传统的词汇教学往往枯燥乏味,无法调动学生积极性,学习效果欠佳。而采用实际情景为典型素材,师生之间形成良性互动,能有效改善英语词汇教学现状，可以帮助教师高效开展词汇教学，有利于学生顺利掌握词汇。

在准备词汇教学过程中还要适时融入以下内容。

2.5.1 与时事紧密相关的内容

随着互联网的普及及各类互联网产品的相继推出，我们已经步入信息爆炸时代。当今大学生汲取的主要信息是铺天盖地，网络、社交媒体、自媒体等应有尽有，各类实时消息不间断推送。教师可以引导学生关注热点，适时引入最新信息并与学生进行有效互动，讲授关联的英语词汇而达到高效词汇教学的目的。很显然，新闻资讯中的词汇为是最直接、学生也最易接受的素材。

例 15：笔者在教授 stem 这个单词时，从"植物的茎部"(stem of a plant)讲到"船头"(from stem to stern)，从"起源于"(stem from)再到"遏制、阻止"的意思，然后顺势带领学生阅读与新冠肺炎有关的英文报道，让学生认识中国为了"stem the spread of COVID – 19"（控制新冠肺炎的传播）而采取的各种举措。同时，把 stem 做"遏制、阻止"讲时的近义词列举出来，如"rein in/contain"，并鼓励学生运用不同的词汇撰写中国抗击疫情的新闻。

评析：教师在讲授词汇过程中结合学生年龄特点和心理需求，积极融入抗击疫情的正面报道，一方面学生在了解时事政治中掌握了高级英语词汇，同时又传播了正能量，可谓一石二鸟，一箭双雕，较好实现了教书与育人的双重目标。

2.5.2 跨文化交流有关的内容

英语中有一些词汇有特定的地理、历史文化背景。以学生感兴趣的文化背景为切入点，使学生在学习词汇过程中掌握跨文化交流常识。

例 16：笔者在教授动物 owl（猫头鹰）时就提到了文化差异。在中国文化中，猫头鹰被认为是不祥之物。如果听到猫头鹰的叫声，人们认为会遇到灾祸，因为它们多在夜间行动，且行为极为诡秘，因而在中国猫头鹰被称为"夜猫子"。然而在欧美国家，猫头鹰是智者的象征，象征着智慧。在很多电影中，猫头鹰是智慧的带路人，代表着聪明、机智等，如英语中有成语 as wise as an owl（像猫头鹰一样有智慧）。

再如，笔者讲授gratuity（小费）时就提到了自己在美国生活时体验过的小费文化。在美国餐馆（非自助餐），当你用完餐后，你需要表示出对服务生服务的肯定；在酒店宾馆，清洁人员每日会帮你清理房间，你需要表示出对清洁人员服务的感谢；无论是钟点工阿姨帮你打扫，搬家公司帮你整理、包装，运输家具，还是外卖小哥将美食送到你家门口，递入你手中，抑或是理发师帮你剪发、染发，你都需要通过付小费表示出对他们服务态度，工作标准的认可。在税前价格基础上，根据server（服务人员）的工作态度、表现，以及作为消费者的满意程度，来补贴给服务人员的费用，一般会按税前价格的15%～20%支付：15%表示一般，基本服务到位；18%表示良好，满意；20%表示客人非常认可服务。总之，给小费在美国是一种文化，体现了人们对服务行业的尊重。

评析：语言是文化的载体，了解和认识英美文化，理解英语词汇的文化内涵能增强学生对英语的深层认知。认识所学语言国家的历史、文化、风俗习惯、生活方式以至生活细节，正确理解其词汇的文化内涵，实现对词汇的准确应用，从而摆脱文化束缚，达到交际的目的。教师在实施词汇教学的过程中，不仅帮助学生牢牢把握该词汇的意义，也同时普及了跨文化交流中应该注意的文化差异，激发了学生获取、探索跨文化常识的兴趣。

2.5.3 能够实践操练的内容

吕叔湘先生曾说："词语要嵌在上下文里才有生命，才容易记住，才知道用法。"可见，学习词汇的目的在于掌握词义、搭配和用法，用词造句表达思想，所以词汇教学不应只涉及单词意思的简单展示和用法的讲解，更重要的是如何运用该词汇。因此，教师在课堂中要给予学生一定的语境和实践练习的机会，词汇教学往往会达到事半功倍的效果。

例17：笔者在讲授完课文之后一般都会让学生使用新单词来连词成句，并完成对课文的复述；有时要求学生通过想象力编一段小短文或小故事进行故事接龙（story relay），将所学词汇融入情境，内容、题材不限，但必须用到新学词汇，让学生在应用中巩固词汇，最终达到学以致用的目的。

评析：学生在实际操练词汇的过程中，检查了学生对文本的掌握程度，也培养了语言表达能力，实现了对词汇的内化，同时也提升了自己的听力技能，培养了团队精神。

总之，词汇教学不是一个孤立的环节，学生接受理解和记忆词汇不应是被动的。作为教师，应尽量将词汇教学模式或方法融会贯通、综合利用，在词汇教学过程中一定要想尽办法最大限度地调动学生的积极性和主动性。

事实上，词汇教学可以分为有意（intentional）词汇教学和伴随性（incidental）词汇教学。前者是指有目的地将主要注意力放在新词汇的学习和记忆上；伴随性学习则是指注意力并非集中在特定的词汇教学目标上，而是"将词汇作为学习者进行听、说、读、写活动时的一个副产品"（桂诗春，2013）。两种方法互为补充，相得益彰，教师在组织英语教学过程中，要把词汇教学真正落到实处，融入教学全过程，力争实现词汇教学效果最佳化。

第 3 章

英语语法教学

3.1 语法学习的重要性和语法教学中存在的问题

3.1.1 语法学习的重要性

在中国知网通过关键词搜索"语法",笔者发现 2017—2022 年先后刊发与英语语法相关的学术文章共计 5579 篇,外语专家学者、一线教师从英语语法的重要性和必要性入手,认为语法教学能有助于学生系统学习英语语言规则,有利于帮助学生理解语言规范,并通过实证研究深入探讨了语法教学困境、应对策略和有效路径。

语法是语言结构的普遍性规律,对使用语言具有指导作用,对学习者学习英语更是如此。认知结构教学理论的代表人物布鲁纳认为,学生知道了一门学科的基本结构或它的逻辑组织,就能理解这门学科;学生了解了学科的基本概念和基本原理,就有助于把内容迁移到其他情景中去,反映语言结构普遍规律的语法在英语学习中的重要性可见一斑。事实上,英语学科的教学目标决定了语法教学的重要性。众所周知,英语教学的目的是让学生熟练使用英语这门工具,而语法教学是实现这一目标的重要途径。

语言教学的目标包括 3 个层面:知识、技能和能力。在英语学习中,知识是能力的基础。知识与培养一个人的听说读写能力方面紧密相连。然而,知识是以学习语法为中心,并且听说读写的能力能够帮助学习者牢记语法规则。在听和写的能力培养中,如果学习者掌握了更多的知识就能够有助于其更好地理解材料。知识获得的越多,越能够有助于学习者的理解。语法是一系列帮助学习者如何将单词、短语组成句子的规则。对语法规则掌握得越好，表达时犯的错误就越少。因此，语法是培养4种基本语言能力的基础。当学习者在努力提升自己听说读写各项能力时，他们会自然而然地发现语言深处包含的语法规则。

教育的终极目的是让学习者学会如何学习。在终身学习过程中，英语作为世界语变得越来越重要。为了掌握学习方法，学习者必须学会能够创造知识的知识。而语法就是这种能够再造知识的知识。也就是说，关注语法教学，学习者能够学到更多知识。语法能够解析语言的结构，能够为语言提供规则依据。为培养自主学习能力，学习者不得不掌握系统的语法知识以便指导将来的自主学习。

教师必须在实际教学过程中充分重视语法教学，并采取合适的教学方法。受到各种主客观因素的影响，很多教师低估了语法教学的重要性，没有充分重视语法教学工作的开展，导致学生的英语学习水平难以得到有效提高。在大学英语学习过程中，语法扮演着十分重要的角色，其学习效果直接影响到学生的整体英语学习成效。具体来说，其重要性主要表现在以下4个方面：

第一，有利于学生英语思维能力的培养与提升。在研究生英语教学过程中，教师应充分重视语法教学，发挥语法教学的作用，帮助学生更深刻地理解英语单词及短语背后的语言结构，厘清英语学习脉络，从而提高学生的英语学习质量和效率。

第二，有利于学生阅读能力的持续发展。不管是在英语教学中还是在高利害语言测试（high-stakes test）中，英语阅读都举足轻重，更是学生英语学习的重点与难点所在。通过学习英语语法知识，学生在阅读过程中能够更好地理解句义，全面把握文章大意，实现阅读能力水平的持续进步。牢固的语法知识可以帮助学生梳理文章结构，连接单词背后的整体含义，并厘清英语单词学习脉络，促进学生英语学习质量进一步提升。

第三，有利于学生口语交流能力的不断提升。当前，许多研究生的英语词汇量和阅读能力相对较强，但是英语口语能力却相形见绌。在国际权威英语测试——雅思的口语评分标准中，grammatical range and accuracy（语法多样性和准确性）占25%的分值，其中满分的标准是 uses a full range of structures naturally and appropriately, produces consistently accurate structures apart from slips characteristics of native speaker speech（自如得体地使用语法结构，除了出现英语为母语者也会偶犯的口误外，始终使用准确的语法结构）。由此可见，口语中的语法准确运用也非常重要，教师应积极开展语法教学，使学生能够更准确地把握句式结构，学会用英语进行表达，从而树立起学习自信，进一步提升英语口语能力。

第四，有利于学生写作能力的提高。写作是英语教学中的重要环节，许多研究生同学在经过多年的英语学习后，英语写作输出能力仍停留在较低水平。教师开展语法教学，可以让学生掌握更多的语法知识，使他们将所学知识灵活运用到写作中，用英语更准确地表达自己的想法，从而实现写作能力的提升。以我国高校学生普遍参与的四六级考试为例，其最高一档的作文评分标准是"切题，表达思想清楚，文字通顺、连贯，基本上无语言错误，仅有个别小错"。不难看出，"语言错误"主要考查的是学生对英语语法的掌握程度。"仅有个别小错"则说明语法准确运用能力极强。又如，在国际权威英语测试——雅思的写作评分标准中，grammatical range and accuracy（语法多样性和准确性）占有25%的比重，其中满分作文的评分标准是uses a wide range of structures with full flexibility and accuracy, rare minor errors occur only as slips（完全灵活且准确地运用丰富多样的语法结构，极少出现轻微错误，且仅属笔误）。由此可见，语法的重要性在国外的语言测试中也是重要评分标准。

综上所述，我国高校学生不仅应该学习英语语法，而且还要学好，学得富有成效。值得注意的是，语法学习不是英语学习的终极目的，但它作为促进学生语言综合能力形成的重要资源和有效手段，是促进学生观察能力、归纳能力、语言正迁移能力、举一反三能力和思维能力提升的重要工具，理应受到高校一线教师和学习者的充分重视。

3.1.2 当前高校英语语法教学现状

"重知识，轻能力"是我国大学英语教学的一大缺陷，而英语教学界或多或少把问题归因于对语法知识的过度重视，于是大力推广交际法，一时间交际教学法成了最时髦的名词，而讲解语法知识成了落后教学的代名词。总的说来，我国高校英语语法教学过程中存在以下问题：

第一，大学英语语法教学的内容尚未明确。我国现行的《大学英语课程教学要求》，对大学阶段英语学习所提出的要求主要集中在听、说、读、写、译及词汇的掌握等方面，并没有针对语法学习提出具体的要求，这是造成我国高校语法学习比较薄弱的一个重要原因。在一部分教师看来,语法教学可有可无,事实上这是一种错误的理念。在英语学习过程中,时时处处都有语法现象,学生必须掌握好英语语法,才能进一步提升自己的英语应用能力。在听力练习过程中,学生要想真正听懂材料,就需要从语法结构上理解材料。很多句子虽然听起来相似,但表达的内容却完全不同,比如"He is not a teacher."和"He is no teacher."看起来都是否定句,但是前者表达的是"他不是老师",而后者的意思却是"他绝不是老师"。同样的句式,稍做变化都会产生完全不同的意思。因此,学生只有掌握这些语法知识内容,才能够正确理解英文语料。

第二,缺乏语言实践运用基础。学生在进入高校之前,就已经对于英语语法进行了基础系统的学习,但是由于在之前的学习过程中,学生主要是为了应对考试,所以对于英语语法的学习主要集中在理论阶段,对于实际语境的运用较为薄弱,所以学生的运用能力较为低下。在学习中,针对语法学习内容,如虚拟语气、名词性从句、形容词性从句、分裂句、倒装句、主谓一致等句子结构及用法,学生都不够熟练,对具体运用方法掌握不够牢固。

第三,语法教学缺乏系统性。通常情况下,我国大学英语课堂教学主要可以细分为精读课与听说课两大类型,其中精读课课程时间比较紧,教师需要完成大量的教学任务,能够用于语法讲解的时间非常有限,但是学生接触英语语法的一个主要渠道是精读课,这在很大程度上导致学生无法进行有效的语法学习。当前,我国中学英语教学中的语法教学主要是针对课文中出现的语法现象进行讲解,学生在此基础上进行课后训练,语法学习并不系统,教学效果也大打折扣。由于这样的语法教学存在很强的随意性,学生在复习时也无法系统地进行语法知识归纳总结。很多教师片面地认为词汇学习并不是语法学习的范围,将语法学习局限在句法当中。事实上无论是词汇还是句法,都属于语法学习。学生要想真正学好语法,就需要将词汇与句法学习统筹起来。学生在进行词汇学习的过程中,不仅要掌握词汇的意思,还要了解它的使用方法;在句法学习过程中,学生不能简单地通过背诵来学习,还要对句子进行结构分析。例如,学生在学习介词的使用方法时,教师要引导学生明确介词短语在语句中可充当状语、宾语补足语、定语及表语等。

第四,学生学习的兴趣和主动性不强。在传统教学模式下,教师主要采取的是语法翻译法、演绎法等教学方式,导致课堂教学的氛围较为沉闷,学生的学习内容也较为枯燥乏味,学生的学习兴趣没有得到有效的激发,而学生在对于语法知识的把握也是通过机械化的背记和练习，没有做到对于知识的熟练和灵活运用。再加上学生在中学阶段学习英语语法过程中受到应试教育的影响较大，所以学生在学习中遇到了诸多困难和挑战，使学生对语法学习产生了畏难情绪，逐渐失去了兴趣。因此，在高校英语语法教学过程中，无论是教师的教学方法还是教学模式，都需要进行有效的改革与创新，而学生的学习方式也需要进行调整。对于语法在英语学习中的作用，每个英语教师都持有不同的观点，部分教师认为学生在经过中学阶段大量密集的语法学习后，在大学阶段不需要再进行相关学习；还有部分教师认为，只有采取语法翻译法编写出来的语法教材才具有学习的价值，而这些都是关于语法学习的片面观点。任何一门语言都离不开词汇和语法的学习，语法是语言的架构，词汇是语言的核心。没有词汇，语言便也无法体现；没有语法，词汇之间无法产生联系。语法学习相对来说比较枯燥，很难吸引学生的学习兴趣，因此教师可以考虑采取隐性教学方式，不断丰富课堂教学方式，想方设法调动学生的学习兴趣，切实提高语法教学效果。在语法学习过程中，教师所扮演的角色是不容忽视的，教师要鼓励语法学习存在"短板"的学生积极参与到语法学习与训练中，同时要加强自身对于语法教学的研究与学习。

3.2　联系其他语言知识开展英语语法教学

在理解语言和运用语言过程中，语法作为语言知识的组成部分与其他语言知识共同发挥作用，离开其他语言知识，语法几乎发挥不出表情达意的功能。所以，学生在学习语法知识时，一定要考虑到其他语言知识对语法知识的学习及运用产生的影响。下面是笔者在教学实践中如何结合语音、词汇知识和语言功能开展英语语法教学的案例分享。

3.2.1　联系语音知识开展英语语法教学

英语中，一般疑问句是由陈述句变化而来，主语和谓语的位置颠倒或把助动词放在主语之前。但在涉外交流中，我们经常会听到外国人借助语调，把一个陈述句变成一般疑问句。

其次，在口语表达中，句子重音落在同一个句子中的不同词语上，也会导致语义发生变化，能反映出说话人的倾向或态度，帮助听话人消除歧义。

例 18：笔者曾在一次外事活动中接待一名外宾，对方对笔者的英语口语流利度表示很惊诧，随后笔者告知对方自己曾在美国一所高中教授中文，这位外国友人在下面的陈述句后使用了升调。

You taught Mandarin Chinese in a U.S. high school？

评析：从语法意义上讲，陈述句一般在句末使用降调，一般疑问句则使用升调。但如果说话人在陈述句句末使用了升调，那么它就变成了一个一般疑问句。这位外国友人的问题在语法框架内的表达应该是 Did you teach Mandarin Chinese in a U.S. high school？

例 19：笔者曾在外事交流场合被问到一个问题 Where did you learn your fluent English？ 笔者的回答是 I learned English in CHINA（句子的重音落在了 China）．这位外国朋友表示 incredible（不可思议），于是追问道："Did you learn English IN China？"（句子重音落在了介词 in 上）。

评析：一般情况下，英语句子的重音落在名词、动词、形容词等实词上。但有时候说话者为了强调句子的语义重心，会把重音放在虚词上。英语中介词属于典型的虚词，一般不会重读。但在上面的具体语境中，外国友人为了突出的是"国内"，而不是"国外"，所以把重音落在了介词"in"上，想重点强调"国内"。

再如，笔者在母亲节和父亲节当天，号召学生给父母打电话，并对父母大声说出 I love you 这句英文。并告诉学生，如果把重音放在 I 上，那么全句的意义是"爱你的人是我，而不是别人"；如果把句子重音放在 love 上，那么句子的意义是"我爱你而不是恨你"；如果把句子重音放在 you 上，全句意思是"我爱的是你，而不是别人"。让学生自己在向父母表达爱意时认真揣摩其中细微差别。

由此可见，英语语调和语音的细微差别，会在表情达意上产生微妙的变化，这不仅仅是语音教学的内容，也是语法教学的重要组成部分。总之，教师要给予充分的重视，结合一定的语音知识开展语法教学。

3.2.2　结合词汇开展语法教学

词汇和语法在英语学习中缺一不可，语法是规律、规则或框架，而词汇则借助语法按照一定的顺序排列组合。因此，语法和词汇是唇亡齿寒的关系。

例 20：同一个词在同一个句子中的不同位置有不同的意思。

① Never trouble trouble until trouble troubles you.

② The fresh produce is produced in Spain.

③ Only the kid waved to me.

　　The only kid waved to me.

　　The kid only waved to me.

评析：

① 中第一个和第四个 trouble 是动词，意为"找麻烦"；第二个 trouble 和第三个 trouble 都是名词，意为"麻烦"。

② 中第一个 produce 意为"农产品"，第二个意为"生产"。

③ 中的三个句子中的 only 意思有细微差别。第一句中的 only 为副词，修饰名词 kid，意为"只有"；第二句中的 only 是形容词，意为"唯一的"；第三句中的 only 为副词，用来修饰动词 waved，意为"只是、仅仅"。

由此可见，即使是同一个单词，在句子中出现的位置不同，可能会有不同的意思。

例 21：英语中有一些短暂性动词，不能与一段时间状语连用。例如，buy、marry、join、borrow、begin 等。

I have borrowed the book for one week.（错）

I have kept the book for one week.（对）

My brother has joined the army for three years.（错）

My brother has been in the army for three years.（对）

The movie has begun for five minutes.（错）

The movie has been on for five minutes.（对）

评析：受母语负迁移影响，中国学生比较容易犯此类语法错误。教师在讲解这类短暂性动词时可以融合英语语法，让学生在学习词汇的同时更好地掌握英语中的时态。因此，词汇教学要与语法教学有机结合起来，不能相互脱节，否则就会导致严重后果：句子结构虽然从语法上看是准确的，但依然是错句。

3.2.3 联系语言功能开展语法教学

教师要帮助学生认识到英语语法的学习不应局限于语法规则和句子结构，还应该包含语法结构的功能。

目前，中小学英语教材在语法知识的呈现上都比较注重结构形式和意义，也尽量使用真实的语境；在语法训练上，比较注意结构、意义和语境的结合，这有益于帮助学生了解语法的交际功能，培养学生在具体语境中精准运用语言的能力。

但到了大学阶段，非英语专业的大学英语语法教学内容却不明确，教材中语法内容编排较少，加上教师在使用教材实施教学的过程中，受到种种主客观因素的影响，如教师对语言功能的认识、传统外语教学形成的思维定式、各种评估测试的影响、教学时间的限制等，无法在教学实践中贯彻教材的设计理念，语言功能方面的教学长期受到忽视。

例 22：笔者曾在课堂上以美国前总统 George W. Bush 2001 年的就职演说为例讲解语法结构包含的语言功能。在 Bush 的演说中，他说道：...Together, we WILL reclaim America's schools, before ignorance and apathy claim more young lives. We WILL reform Social Security and Medicare, spring our children from struggles we have the power to prevent. And we WILL reduce taxes, to recover the momentum of our economy and reward the effort and enterprise of working Americans. We WILL build our defenses beyond challenge, lest weakness invite challenge. We WILL confront weapons of mass destruction, so that a new century is spared new horrors...

评析：该演讲中除了排山倒海式的排比句以外，给予和求取这两种言语角色表现得非常明显。一方面，布什向听众提供某种信息，表明自己的态度，申明自己的主张；另一方面，要求或呼吁民众采取行动，按照演讲者本人的意图去做事。整篇演说中，情态动词 will 一共出现 20 余次，该词意在向听众表达他对广大民众的承诺，以及对未来充满信心，他希望人们能够给他充分信任，以赢得民心。

由此可见，教师在开展英语语法教学过程中一定要结合英语的语言功能进行讲解，培养学生养成准确、得体使用语言的意识。只有这样，学生的英语语言综合能力才能得到提高。

3.3 结合目标语文化开展语法教学

3.3.1 文化与英语教学

从国内外研究来看,对英语教学和文化关系的研究大致可以分为两个阶段。第一阶段是20世纪初至20世纪40年代,人们逐渐意识到第二语言学习意味着学习另外一种全新的文化。如果要系统理解目标语文化,就必须掌握目标语国家和人民的相关常识。所以,有关目标语国家的地理、历史和规章制度等被看作是理解和学习语言和文学的背景知识。教师需要在课堂上补充一定的文化常识,比如目标语国家在科学技术、文学、艺术和体育等各方面取得的成就。

第二阶段是第二次世界大战后,随着社会科学的迅速发展,特别是社会学和人类学研究的长足发展,外语学科的文化教学出现了一些积极的变化。社会学和人类学的研究成果使外语届的关注力转向了目标语国家人民的生活方式(life style)。它指的是人们日常生活中的具有代表性的行为,如人们的价值观、家庭生活和社会交往等。在语言学家看来,文化(culture)可以划分成"大写C文化"和"小写c文化",前者指的是目标语国家的政治、地理、历史等宏观内容,后者则指目标语国家人民的生活方式,也可以称之为行为文化。

此后,人们开始探讨外语学科教学中的文化教学应该实现什么样的目标。文化教学理论(theory of culture teaching)在二十世纪六七十年代发展过程中,受到行为目标教育论的影响,在文化教学的具体达成目标方面也进行了探讨。该理论提出了文化教学总目标,即培养学生的跨文化理解(cross-cultural understanding)和跨文化交际(cross-cultural communication)能力。

从国内的研究看,20世纪80年代许国璋发表了"词语的文化内涵与英语教学"的演说,标志着我国英语教学正式开始关注文化在英语教学中的作用。1988年,胡文仲收集了汉英语言文化对比研究的论文,反映了我国外语教学界对文化教学的思考。邓炎昌、刘润清(1989)对英汉两种语言在词汇、文化、身势语方面的差异进行了系统的对比。何自然(1997)从语用学角度分析了文化对跨文化交际的影响。曹文(1998)提出文化教学存在两个层次,即文化知识（culture knowledge）层和文化理解（culture understanding）层及连接这两个层次的文化意识（culture awareness）教育，主张要培养具有跨文化交际能力的复合型人才，文化教学必须超越文化知识层，最终达到文化理解层。

由此可见，国内外外语教学界已经形成了某种共识：外语教学应把传授文化知识、培养文化意识和文化理解作为一个重要目标，文化是外语教学不可或缺的重要组成部分。语法教学是外语教学的重要组成部分，所以在教授语法过程中也不能忽视目标语的文化教学。

3.3.2　文化对语法教学的影响

语言是文化的载体，语言与文化之间相互依存、相互制约、相互影响。

例23：笔者曾经和一位来自美国的大学老师交流时听到这样一句话：Pancakes and syrup is a favorite in our family。笔者当时是英语语法课主讲教师，不理解外国人为什么在此处使用单数谓语动词形式"is"。

评析：按照英语中主谓一致的语法规则，两个名词由 and 连接在句子中做主语时，谓语动词一般使用复数。但是在上面例句中却使用了单数，这是为什么呢？其实这跟西方国家的早餐文化有关系。他们常见的早餐有 bread and butter（面包和黄油）、cereal and milk（麦片和牛奶）、pancakes and syrup（薄煎饼和糖浆），使用的餐具一般是 knife and fork（刀叉），这些由 and 组成的名词短语做主语时都要使用单数的谓语动词，因为它们是一个不可拆分的整体。由此可见，了解了西方饮食文化背景，在学习、记忆、使用这个结构时，就不会在语言输出时犯语法错误。

语言加工和提取离不开文化常识，语言储存则反映了一种文化生活方式，反映了该民族历史文化的特征，蕴含了丰富的风俗习惯和思维方式。因而，了解一定的目标语文化能够在某种程度上帮助学生深入理解语法形式，有助于学生记忆语法并准确地使用语法。教师在进行英语语法教学过程中，要适时讲授一些文化背景，帮助学生更好地理解和运用英语语法。

3.4　在综合语言活动中开展英语语法教学

语法规则对人们的言语起着指导、规范、约束的作用，学习语法对听、说、读、写、译发挥着举足轻重的作用。例如，学生在做四六级听力练习时，明明听懂了大多数单词，但还是无法理解整句话的意思。同样，在比较长的阅读文本中此现象也会频频出现，知晓每个单词的意思，但却理解不了整句话，或出现理解失误。在英语输出过程中，也会出现这样那样的错误。因此，英语语法需要在各种综合语言活动中不断检验、完善和深化。

3.4.1　通过任务促使学生正确运用语法知识

运用语言完成任务常常需要学习者具备多种语言知识和技能。

例24：笔者曾在授课过程中发现学生对虚拟语气掌握得不够准确，于是就设计了句子接龙的活动。要求全班同学都要运用虚拟语气结构：if+动词过去式，主语+would/could/should/might＋动词原形。第一个同学使用该结构造句，if A, B；第二个同学接龙，if B, C……. 学生的接龙如下：

甲同学：If I were a bird, I would fly high in the sky.

乙同学：If I flew high in the sky, I would have a bird's eye view of my city.

丙同学：If I had a bird's eye view of my city, I would see the landmark building.

丁同学：If I saw the landmark building, I would land on the top.

……

评析：通过这个活动，全班同学团队接力，完成了故事接龙，学生在实践中练习了虚拟语气结构，也训练了听力理解能力，凝聚了学生的团队精神，培养了学生的合作意识。语法知识的学习不能只停留在填鸭式教育阶段，一定要学生在具体情境中运用，通过完成语言任务，实现语言在形式和意义上的统一。

3.4.2　通过综合性练习促使学生运用英语语法

设计并运用综合语言练习，是培养学生综合运用语言知识技能的有效路径。在练习过程中，学生需要激活大脑中储存的图式（activate schema），经过判断和整合方能高质量地完成此类练习。

例25：为充分发挥学生想象力，提升学生综合运用语法知识的能力，笔者曾在课堂上设计这样的练习：In twenty years, I will be＿＿＿＿. I will work＿＿＿＿. I will have＿＿＿＿. 针对第一个空格，学生提供了很多答案，如 a teacher, a housewife, a cellist, a flight attendant, a violinist, a grandma, better-off, traveling around the world 等；针对第二个空格，学生给出了很多可能，如 full-time, part-time, a stable job, as an accountant, for the government, like crazy, my tail off 等；针对第三个空格，学生给出的答案千差万别，如 a lot of properties, a Mercedes, an extended family, a large house, grandsons and granddaughters, a paycheck at the end of every month, traveled to lots of countries 等。

评析：这是一个语法知识点运用程度较高的综合练习，学生的词汇、语法储备在练习中被激活。从学生提供的答案来看，使用的语法知识包括冠词（a，an）、名词或名词短语（housewife，flight attendant）、动宾搭配（work a job）、主系表结构（will be）、将来进行时（will be doing）、将来完成时（will have done）、习语（like crazy, work one's tail off）等。另外，由于句首的时间状语 in twenty years（二十年后），给学生发挥想象的空间，这道题没有固定答案，活跃了学生的思维，回答灵活多样，充分调动了学生在实践中练习语法词汇知识的积极性。

3.4.3　提供多语境供学生运用英语语法知识

通常情况下，英语教师往往是按照教材编排顺序按部就班地实施教学。而近年来的高等院校外语教学改革一直提倡教师创造性使用教材，也可以称为"教材的文本再构"或"教材的二次开发"。教师基于本校的实际情况和学生的发展需求，依据课程标准对原有内容进行加工或处理（增删、引申、扩展等），根据学生的需求和水平选用教材，灵活有效地、创造性地使用英语教材，对其内容、编排顺序和教学方法等方面进行适当地取舍或调整，也包括创造性地制作教学用具，收集相关资料等，使教材内容和教学活动更贴近学生的实际。这是一种"基于教材，又超越教材"的做法，值得借鉴。

例26：笔者教授研究生英语课程中曾穿插使用《新概念英语（第3册）》教材。在讲到虚拟语气时，第3册46课第3段有这样一个句子"Last spring my wife suggested that I call in a man to look at our lawn mower."该句中出现了 suggest+宾语从句的用法，其中宾语从句一般结构是"should+动词原形"，但 should 可以省略。笔者整理了《新概念英语（第2册）》中出现过的类似的虚拟语气用法。

If you ate more and talked less, we would both enjoy your dinner.（《新概念英语（第2册）》40课）

He suggested that a double railway-tunnel should be built.（《新概念英语（第2册）》64课）

If, at the time, the British had not feared invasion, it would have been completed.（《新概念英语（第2册）》64课）

A policeman approached Jimmy and told him he ought to have gone along a side street as Jumbo was holding up the traffic.（《新概念英语（第2册）》65课）

"I suggest," said the inspector, "that you are not telling the truth. I suggest that you did not catch the 8 o'clock train, but that you caught the 8：25 which would still get you to work on time…"（《新概念英语（第2册）》87课）

评析：笔者在教授虚拟语气过程中，打破了教材册与册之间、课文与课文之间的界限，让学生在多种语境下体会虚拟语气的多种用法，同时通过最后一个例句中suggest后跟陈述语气的用法引导学生不能对suggest+宾语从句一概而论，要具体情况具体分析。学生不断复习、巩固虚拟语气用法，这有助于学生运用对比组织、前后串联、丰富拓展的方法开展英语语法学习，使学生在编码储存和解码提取时提供更多可供借鉴的线索，使语法学习能为语言的准确使用提供可靠保障。

3.5　在英语语法教学过程中加强语义和语用教学

Larsen-Freeman（1991）指出，应该从三个方面开展语法教学，即form（形式）、meaning（意义）和pragmatics（语用）。语法教学应该首先解决形式（form）问题，即"How is it formed？"以帮助学生理解、认知语法构架，通过不断模仿、反复操练掌握语法。再次，语法教学要解决的是意义（meaning），即"What does it mean？"以引导学习者了解语法的确切含义。最后，语法教学应该解决语用（pragmatics），即"Why is it used？"和"When is it used？"来引导学生恰如其分地在正确的语境中运用英语表情达意。

英语课程改革中明确要求语法教学要体现其功能。语言的形式、意义、语用相互依赖、相互影响。学习语法的目的不是仅学习语法，而是实现更好的交际。如果不从这三个方面入手学习语法，那么学生可能对语法知识仍然是一知半解。

3.5.1 传统语法教学过度关注语法的形式

受传统教学法的影响，许多英语教师不管在讲解语法知识还是在引导学生操练，都对语法的形式给予充分关注，甚至是过分关注。与此同时，对语法传递的意义却关注不足，对语法的语用功能关注少之又少。

笔者每年观摩约 20 节"大学英语"课，发现很多教师在教学活动的设计上、对教学形式的拿捏上都游刃有余。但在深入分析之后却发现，大多数一线英语教师的授课内容都围绕语言形式的讲解和语言的操练展开，并没有在引导学生运用语言形式进行有意义的理解和表达上下太大功夫。这样做的后果就是学生对语法知识掌握较为片面，他们对语言形式一知半解，但对该语法结构在何种情况下得体使用，以及为什么使用更是一无所知。长久以来，学生运用语法知识进行表达的交际能力得不到应有的培养。

例 27：笔者曾经观摩一名年轻英语教师讲解名词性从句的过程。该教师一直强调主语从句、表语从句、同位语从句是由宾语从句转化而来。并举出以下例子：

I am sure that the sun revolves around the sun. 宾语从句

I am not sure whether it will snow this year. 宾语从句

I know where he comes from. 宾语从句

在举出这三个例句之后，该教师反复强调，把画线部分的宾语从句分别置于主语、表语、同位语位置就变成了主语从句、表语从句和同位语从句。并引导学生造出以下句子：

That the sun revolves around the sun is true. 主语从句

Whether it will snow this year is a question. 主语从句

Where he comes from is unknown. 主语从句

The truth is that the sun revolves around the sun. 表语从句

My question is whether it will snow this year. 表语从句

His question is where he comes from. 表语从句

I know the fact that the earth revolves around the sun. 同位语从句

I cannot answer the question whether it will snow this year. 同位语从句

She knows the city where he comes from. 同位语从句

评析：可以看出，该教师掌握了名词性从句的精髓和变化规则，貌似给学生提供了一条学习的捷径。但学生练习的形式比较单一、枯燥，从一种从句到另外三种从句，像是在套公式，而且主语从句中的三个句子也有些头重脚轻，没有使用形式主语；练习的内容也跟学生本人的日常生活交际不搭边；练习只关注了名词性从句的形式变化，而没有明确阐述什么情况下应该使用名词性从句，如何地道地使用名词性从句。因而，该教师的语法教学没有考虑真实语境，只有形式操练，结果是学生费时、费力而学到的语法是死的，无助于培养学生的语言交际能力。

3.5.2 采取多种形式加强意义和语用教学

英语教学的最终目标是培养学生的英语语言综合运用能力。其中，"运用"是核心，是关键。任何语言的教学，不管是语言技能抑或是语言知识，最终目的是要能在交际中运用，语法教学也不例外，不能脱离"运用"而孤立教学。换言之，必须改变当前偏重于通过书面语法练习学习语法的现状，要通过语法知识的学习有效提升学生交际能力，不仅要重视语法形式的教学，更要重视语法形式在实际交际中的意义和功能。总之，教师要采取多种方式引导学生在语言实践中学习、巩固语法知识。

3.5.2.1 立足教材，大力加强意义和语用方面的教学

毋庸置疑，教材既是课程资源，又是实施英语课程的组成部分，是教师开展教学活动的重要内容，是学生学习英语的必要手段。符合学情、难度适宜、结构合理、体系完整的教材有利于教学活动的开展和实施。但在教学活动中，教师要根据教学的需要，开动脑筋，灵活地、创造性地使用教材。

例28：笔者观摩了一位讲授外研社《新一代大学英语2》的教师在讲解Unit 2 Start up young 课文中的倒装句时采取了以下步骤。

第一步：带领学生阅读倒装句。Such was the competition for places that they were having to apply for many schemes, which meant employers must have been receiving many awful copy and paste applications from people who weren't genuinely interested. 然后讲解该句语法结构，即倒装句，是一个把表语提至句首的完全倒装句。

第二步：教师简要介绍两种倒装句的具体用法和句型特征。

第三步：在教师的指导下，学生练习表语提前的完全倒装句的用法。例如：

Present here today are my colleagues, friends and extended family.

In the classroom sit 50 students.

Standing in the middle is a young lady with a ponytail.

对倒装句的语法讲解到此结束。

评析：学生在学习完这种完全倒装句之后，了解了具体构成，但是并不了解什么时候运用，这为将来在交际中运用语法知识埋下了隐患。

例29：笔者接着又观摩了另外一名教授同头课的《大学英语》课程老师讲授同一篇课文时的做法。

第一步：教师讲解。主要集中在英语倒装句的两种语法功能：语法结构和英语修辞。在第一种情况下，必须倒装，否则就会出现语法错误；而后一种情况下，倒装可有可无，但倒装的运用会丰富英语语言形式，提高语言表达效果。带领学生了解倒装句的用法和各种句式，不仅提升了学生的语言鉴赏能力，也提高了学生的英语修辞能力，在写作中运用会使作品更加生动传神。

第二步：教师在完成对倒装句的介绍之后，把学生的注意力转移到教材上的这句话 Such was...，并指出这是一个将表语提前而形成的完全倒装句。之后带领学生欣赏以下将表语提前的句子并分析其语用功能和修辞效果。

So far away does he live from his parents that he cannot visit them on a regular basis.（倒装句最重要的修辞效果是强调。该句的倒装主要是为了突出"他居住的地方离父母太远"）

He stepped out of the courthouse, in front of which stood his chauffeur.（定语从句中出现倒装主要是为了考虑句意的连贯，使上下文衔接更加紧密，起到承上启下的作用。）

In the pit were thousands of life–size terra–cotta warriors.（英语修辞的一个重要功能就是避免头重脚轻，也称尾重原则。即把句子中最复杂的成分放在句尾，以维持句子平衡。）

第三步：教师拓展讲解完全倒装句的用法。如现在分词、过去分词、形容词、介词短语等做表语都可以放句首倒装，然后指导学生对该种倒装句式进行有目的的操练。

评析：该教师成功引导学生关注倒装句的语用功能，又解释了倒装句的句式结构，为学生在日后运用倒装句表达打下了坚实的基础。语言结构的教学固然重要，但是还必须在教学过程中引导学生关注使用该语言结构所能取得的效果、达到的目的，培养学生掌握运用该结构的语用意识。毕竟，语言学习的最终目的是应用。因此，英语语法教学不能仅停留在语言形式的讲解上。

3.5.2.2 立足学生生活，加强意义和语用教学

如果教师能够在教授语法的过程中与学生的日常生活建立某种关联，那势必能激发学生学习的积极性和主动性，大幅提升授课效果。

例30：笔者曾在自己教授的研究生英语课堂上带领学生复习虚拟语气。适值学生参加中外语言交流中心组织的赴外汉语志愿者选拔，笔者通过英语面试引入话题，"如果你以前把英语学好了，你的英语就能讲得很流利""如果你能把英语讲得很流利，你就能通过面试""如果你能通过面试，你就可以出国教授汉语""如果你出国教授汉语，你就能感受异国文化"。然后引导学生思考英语中该如何表达，学生马上进入了思维状态。由于大学阶段并没有系统学习虚拟语气，大多数同学都没有想到运用虚拟语气，笔者顺势引出 subjunctive mood（虚拟语气）。

下一步的教学中，笔者并没有直接向学生解释虚拟语气，而是让学生打开教材，翻到"虚拟语气"部分，从中总结归纳虚拟语气的用法。同时，笔者将以上举出的四个句子打到多媒体教室的屏幕上，让学生运用虚拟语气翻译。

学生翻译后，教师进行有针对性的纠正，然后引导学生从这些例句中总结出 if 引导的虚拟语气的使用规律，把四句话的虚拟语气形式打到屏幕上。至此，虚拟语气的学习暂告一段落。

评析：该教学案例中，教师从虚拟语气的导入再到引导学生自学虚拟语气的使用规律，再到运用规律翻译句子，再到引导学生从翻译的句子中总结规律，始终以学生为中心，并给予学生自学任务，给他们思考的机会，让他们从教材中总结，并提出假设、验证假设，然后去运用。教师通过和学生紧密相关的面试导入，贴近学生的生活，激发了学生的好奇心，调动了学习的积极性，吸引了他们的注意力，这些都是有效学习的条件。学生通过阅读教材，寻找虚拟语气的句式规律，有助于用所学语言知识表达自己的想法。笔

者有意识地引导学生通过观察了解虚拟语气，而不是通过传统的填鸭式教学向学生灌输虚拟语气的用法，有助于培养学生的观察能力和课下自学能力。如果学生能在随后的造句练习中得体、准确地运用当堂课所学的语法知识，就表明学生已经将语法形式和意义内化吸收。采取这种方式开展教学，能有效帮助学生理解虚拟语气的句法特征，发现其结构规则和语言运用之间的内在关联，归纳出虚拟语气的使用规律。

3.5.2.3 利用直观手段，加强意义和语用教学

语法规则往往是抽象的，为让学生更有效地理解语法知识，掌握语法规则，教师可以考虑采取直观教学手段辅助语法教学。有时候，为了实现学生主动学习（active learning）的目标，加深学生对语法知识的印象，增加课堂的趣味性，教师也可以运用直观教学手段。

例31：笔者教授研究生英语课程过程中，发现很多学生对动词的-ing形式和-ed形式掌握不够牢固，于是决定采取直观教学手段。笔者任教的教室有互联网供教师连接网络，于是笔者就借助www.bing.com（必应搜索引擎）的国际版搜索以下图片 withering rose 和 withered rose, falling leaves 和 fallen leaves 供学生对比，让其在不知不觉中理解了-ing和-ed用法的差异。并通过以下问题加深学生对语法知识的吸收、理解。

Which one is a developing country, China or UK?

Which one is a developed country, China or UK?

评析：英语中的-ing分词和-ed分词是中国学生学习英语的一大难题，很多大学生无法理解两者之间的差异，在实际运用语言的过程中经常把两者混淆。为帮助学生更好掌握它们的差异及具体用法，笔者通过网络展示图片的方法让学生观察、感悟，也减少了语法课堂的枯燥感，增加了课堂的生动性。学生通过感官学习语法，加深了印象，提高了学习语法的效率。最后通过问题来检验学生学习成效，学生势必会进一步的思考，把两种分词准确得体地应用于实践中。

3.5.2.4 利用问答，加强意义和语用教学

问答是外语课堂频繁使用的授课手段，也是学生操练语言的重要路径。它能开拓学生的思路，启发学生的思维，吸引学生的注意力，从而更加高效

地学习英语语法。

例32：笔者观摩的一位青年教师在讲授"大学英语"课程时复习语法重点-ing分词和-ed分词。她首先通过多媒体向学生展示两张照片，然后向学生提出一个问题：How did the boss walk into the meeting room?

学生们在回答这个问题时，必须充分理解两张照片中显示的细节关系。第一张照片中，老板跟着他的员工进入会议室；另外一张照片中，老板在前，员工紧跟其后。两张照片形象地展示了-ing分词和-ed分词在具体场景中的运用。

Following his employees, the boss entered the meeting room.

Followed by his employees, the boss entered the meeting room.

学生们通过对比两张照片，真正理解了-ing和-ed做状语时的用法差异，即-ing分词表主动，-ed分词则表被动。

评析：该教师在讲授语法难点时没有采取满堂灌的方式，而是通过一个问题和两张有趣的照片，形象、直观、生动地展示了-ing分词作状语时表主动、-ed分词作状语时表被动在用法上的差异，为学生学习、理解分词差异和具体用法提供了具体情境，学生在受到视觉冲击后顺利完成了对该语法的巩固复习。

3.5.2.5 巧用语境，加强语义和语用教学

语境可以分为"语言性语境"(verbal context)和"非语言性语境"(nonverbal context)。语言性语境指交际过程中某一话语结构表达特定意义时依赖的各种表现为言辞的上下文，包括口头语的前言后语，也包括书面语中的上下文；非语言性语境则指交流过程中话语结构表达特定意义时所依赖的主客观因素，具体包括时间、地点、场合、话题，交际者的身份、地位、文化背景、心理背景、交际目的、交际方式，交际内容所涉及的对象，以及各种与话语结构同时出现的非语言符号（如姿势、手势）等。胡壮麟（1994）阐述了语境与语用学的关系，把语境分为三大类：语言语境、情景语境和文化语境。语言语境指的是语篇内部环境，是单词、短语、句子或段落篇章的内容；情景语境是语篇产生时的外界环境，参与交际的人物关系、时间和地点；文化语境是语篇所涉及的社会文化、经济、宗教、历史和政治背景。三种语境都有利于理解语篇的意义及交际意图，从而使语篇保持连贯。

例33：笔者任教的学校位于华北中部的国内四线城市，一部分研究生同

学本科阶段都在国内发达的一线、二线城市求学。初来乍到,除了有心理落差因素,还包括气候、饮食和方言方面对中部小城市有些许不适应。笔者察觉到了学生的这种情绪,因此在复习虚拟语气时结合具体的语境,以幽默的口气跟学生说:If you had not got an offer from this university, you would not be able to see your awesome English teacher today. 学生听了之后哄堂大笑,在享受英语课堂的同时对错综条件句的虚拟语气有了更准确的把握。

评析: 大部分学生认为语法课堂枯燥乏味,让人昏昏欲睡。很重要的一个原因是教师在讲解过程中没有充分运用语境,所举例句大都是孤立的。因此,学生在学习、理解、掌握、运用过程中难免会出现障碍。为充分帮助学生巩固虚拟语气,根据虚拟语气的具体用法,结合学情,造出符合具体语境的错综条件句,有助于学生充分理解并掌握好语法知识。

3.6　联系语篇开展语法教学

3.6.1　通过语篇实施语法教学的重要性

长期以来,我国英语教师在解释语法规则时,以运用单句为主,语法水平测试形式单一。这样的讲解和评估方式,容易对学生学习语法知识和运用产生误解。例如,学生在尝试使用英语输出时,很少考虑语义连贯和衔接,很少考虑上下文、前后句之间的内在联系。

系统功能语法创始人韩礼德(1976)认为,连贯是一个语义概念,它是话语内不同的组成部分之间在意义上的练习。语篇的连贯(coherence)应考虑两个方面的因素,即语域一致(consistence in register)和语篇特征(texture),而语篇衔接(cohesion)是连贯的必备条件,衔接是将语篇中的句子连接成一个有机整体而创造连贯的主要手段,它有助于建立句子边界之间的练习,建构连贯语篇。胡壮麟(1994)认为,一个语篇前后衔接、意思连贯,那么其可接受性则八九不离十。

例 34: 笔者在教授研究生英语课程时经常发现,学生在口语输出时经常使用名词而不会使用代词,造成语篇上的连贯度不够而最终导致语言输出的质量不高。例如,有学生介绍自己家乡时说出了这样的英文:① I am from a rural town. ② Its name is ***. ③ *** is situated in South China. ④ ***is gorgeous in spring. ⑤ ★★★is famous for its natural beauty.

评析：单就准确性而言，这种表述没有什么问题，但从语篇的角度来看，这样的口语表达由于地名的过多重复使用而造成语篇的连贯不足。学生可以根据表达需要，把第③④⑤句中的家乡的具体名称改为代词 it, this（town/place）等，一来可以避免重复，二来又可以增加上下文的衔接度和连贯度，使自己的口语听起来更为顺畅、地道、自然。

例 35：在执教过程中，笔者也发现学生无法在语篇中准确使用英语冠词，在写作中经常出现诸如以下句子的错误：I own the guinea pig. It's a gentle, social creature that is quite emotional.

评析：单纯从语法角度来看，两句话并无不妥。但是根据具体的前后语境，第一句话中的定冠词 the 使用不当，应该改为不定冠词 a，这是因为英语中介绍第一次出现的事物时应该使用不定冠词。出现这样的问题，重要原因就是放在语篇中上下文缺乏相互照应。

通过语篇实施语法教学，一方面可以帮助学生深入了解语法架构其实是受制于语篇的；另一方面也有助于学生感悟写作中的衔接、连贯手段和语句相互照应的重要意义。

3.6.2 立足教材，结合语篇开展英语语法教学

例 36：笔者在教授研究生英语时曾讲授 Unit 6 Nonverbal Communication，课文中介绍了非言语交际技能，考虑到学生在口语表达中对情态动词 should 的掌握不够扎实，经常出现"should to do something"这样的低级错误，于是设计了一个环节，让学生针对以下问题做出回答：What should we do and what shouldn't we do in cross-cultural communication？

评析：通过问题引出情态动词"should"用法的语法点，又通过具体的语境让学生理解语法的语用功能，可谓一石二鸟。

总之，教师在教授语法时绝对不能牵强附会、生搬硬套，也不要拘泥于课本内容，而是适时引导学生学以致用，在应用中巩固语法学习，将语法与语篇结合，也与现实生活有效融合，使语法知识的学习与语言的使用巧妙融为一体。

3.7 运用知识分类理论实施语法教学

3.7.1 知识分类理论简介

皮连生（1997）认为，现代认知心理学把知识分为两种，分别是程序性知识和陈述性知识。程序性知识指的是个人并没有有意识地提取线索，而是借助某种作业形式间接推测知识，主要解决怎么办的问题，它由一套办事的操作步骤、概念和规则构成；陈述性知识指个人有意识地提取线索，因此能直接陈述出来的知识，主要用来回答世界是什么的问题，如"公猪"在英文中叫"boar"，"母猪"在英文中叫"swine"，而"小猪"在英语中叫"piglet"。

不少英语教师在教学实践中都会发现这样的问题：教师在讲解完一个语法知识点后，学生还会在运用语言的过程中不断地犯同样的错误，严重挫伤了教师的教学积极性；而学生也表示冤屈，课堂上明明听懂了，一到做题环节就犯错，百思不得其解。最后，学生对语法学习失去兴趣，对英语学科的学习逐渐丧失信心。

这种现象非常普遍。学生即使了解了语法规则，但不一定可以准确应用。换句话说，理论知识没有在实践中发挥出应有的作用，学生在语言输出时就会犯下这样那样的错误。这样就不难理解有些学生花费巨大精力和时间去记忆语法规则，但是在运用规则过程中还是会犯错误，这是因为他们的程序性知识出现了问题。

例37：笔者的研究生学生经常在口语输出时会犯这样的错误：
① I am come from...
② She like play the guitar.

评析：I come from / I am from... 句型是学生在小学甚至幼儿园阶段就已经学过的一个简单句型，但经过初中、高中六年的英语学习之后还是无法准确输出，个中原因匪夷所思；第二句话中的"like doing"是一个 -ing 分词做宾语的结构，考虑到主语是第三人称单数"She"，谓语动词理应为第三人称单数形式 plays，但是这些低级语言错误频频出现，任凭老师纠正也还是错误百出。这说明学生在语言习得阶段，缺乏由陈述性知识向程序性知识转化的练习机会。

3.7.2 运用知识分类理论指导英语语法教学

根据现代认知心理学对知识的分类，英语语法知识也可以分为两类：陈述性知识和程序性知识。前者指有关英语语法概念、规则的知识体系，如分裂句的概念和规则。如果学生能对用法进行陈述，我们可以下结论说他们已经掌握了分裂句的陈述性知识，这样的知识是通过有意识的理解、学习和记忆而获得的。因此，这种知识也被称为"被记忆了的知识"。而程序性知识则是学生在实践中运用语法规则的知识，是被内化的特定信息。换句话说，陈述性知识是理论知识，而程序性知识则是实践性知识，抑或称之为操作性知识。

传统的语法教学，教师将大量的时间和精力花费在了讲解陈述性知识而忽略了程序性知识。教师对各种语法细则如数家珍地传授给学生，但这并不意味着学生能够在实践中准确运用。

例38：定语从句的教学是中国学生学习英语的重头戏，老师都会给予充分重视，学生能够熟练记忆其结构，但在实际运用中往往会出现误用或滥用。下面举一个典型例子说明。

She is a mom who is mine.

应为：She is my mom.

评析：不难发现，学生虽然掌握了语法规则的陈述性知识，了解构成规则，也造出了定语从句，但却并没有掌握定语从句的程序性知识。在这种情况下，教师一定要给学生阐述清楚定语从句的用途，而不是简单粗暴地把公式一教了之。教师可以为学生讲解定语从句的用途。定语从句又被称为形容词性从句，它承担的是形容词的功能，用于修饰名词，但比形容词的功能更强大，可以更详细说明被修饰名词的特征。如果形容词无法清楚地说明或描述所修饰的物或人，就要使用定语从句；反之，就没有使用定语从句的必要。在上述句子中，一个 my mom 就可以解决的短语，完全没有必要滥用定语从句而出现"She is a mom who is mine."这种令人啼笑皆非的句子。

下面的情况就需要使用定语从句：

A：I know that teacher.

B：Which one？

A：The one who you encountered in the shopping mall the day before yesterday.

因此，教师应该对学生进行有针对性的训练，让学生在学习陈述性知识的基础上掌握程序性语法知识。

例39： 英语中垂悬分词（dangling participle）一直是中国学生英语学习的难点，笔者在教授研究生学习该语法结构时采取了以下步骤：

第一步：导入。向学生呈现两个含有垂悬分词的例句，引导学生找出逻辑主语。

Pacing the hall, the fox looked worried.（"Pacing the hall"逻辑主语是"the fox"）

Hearing the thrilling news, the students got wild with joy.（"Hearing the exciting news"逻辑主语是"the students"）

然后，笔者告诉学生，-ing分词做状语时，前后逻辑主语一般需要保持一致。

第二步：点拨。在第一步的基础上，笔者举出以下两个错误的例句，要求学生找出错误原因，引导学生分析句子结构，看前后逻辑主语是否一致。

Being windy, they had to cancel their soccer practice.

Speaking at the meeting, the smile was genuine on his face.

笔者点拨学生：这两个句子的前后逻辑主语并非一致，学生接下来提出了可能的逻辑主语。笔者告诉学生，分词做状语，前后主语要保持一致，因此上面的两个例句是有语病的。但如果给前边的状语加上逻辑主语，这两个例句又变正确了。

It being windy, they had to cancel their soccer practice.

He speaking at the meeting, the smile was genuine on his face.

笔者接着告诉学生，像这种分词带有独立逻辑主语的结构在英文中叫垂悬分词，语法功能是充当状语，表示条件、原因、伴随和时间等。

第三步：归纳。至此，学生已经对分词做状语和垂悬分词的区别有了准确的理解和认识：分词的逻辑主语不一致的情况下就形成了垂悬分词。笔者趁热打铁，又举出两个例句：

Our teacher being ill, the principal had to find a substitute teacher.（垂悬分词）

Being ill, our teacher had to see a doctor.（分词做状语）

第四步：拓展。笔者引导学生更加全面地认识该语法结构，不仅-ing分词可以充当垂悬分词，-ed分词、-to do、介词短语、形容词、副词等也都可以。例如：

Bars closed, they had to head back home.

School over, they were dismissed.

Rescue workers to help, we will make it.

Book under arm, the old teacher trudged into the classroom.

第五步：提高。笔者在总结垂悬分词的基础上，又告知学生该结构的语法功能大致相当于状语从句。然后，笔者又给学生实践练习的机会，鼓励学生把陈述性语法知识转化为程序性语法知识。

评析：受到母语负迁移的影响，很多中国学生无法准确运用垂悬分词结构。例如，学生在翻译"过马路时，警察让我停了下来。"时，一般会直译为"Crossing the street, a cop stopped me。"事实上，即使是莎士比亚这样的大文学家，也会因为修辞的原因在文学作品中故意"犯错"，如 Sleeping in mine orchard, a serpent stung me. （选自《哈姆雷特》）。中国学生把英语作为外语学习，而且主要的应用场合是 EAP（English for Academic Purposes）或 ESP（English for Special Purposes），鉴于两种学习目的都是正式场合的语境，一般情况下应该遵循约定俗成的语法规则。笔者通过导入环节，强化了学生对英语中 -ing 分词做状语时句子前后逻辑主语应该保持一致的认识，在点拨部分主要目的在于引起学生的认知冲突，激发学生思考错误原因。在做好充足铺垫后，垂悬分词"隆重登场"。归纳、拓展和提高部分环环相扣，有助于促进学生的陈述性语法知识向程序性语法知识顺利转化。

3.8 在语法教学中采用自主、探究、合作的学习方式

哈佛大学教育学教授加德纳（H. Gardner）于1983年提出多元智能（multiple intelligences）理论，此后一些教育学家尝试简化模型，最后得出三种不同的学习方式，即视觉型（visual learner）、听觉型（audio learner）和动觉型（kinetic learner）。视觉型学习者上课认真听讲，积极回答问题，而且表达能力较好，多数时间视线紧随教师，喜欢看板书、PPT等，对自己看过的事物记忆较为深刻；听觉型学习者喜欢秩序，说话较慢但很有条理，喜欢交谈与聆听，听觉型可以多听音频来提升学习成绩；动觉型学习者通过感觉活动认识世界，这种活动常常涉及触觉、嗅觉和味觉，他们往往亲自动手才能学习、理解和接受事物。

林崇德（2003）认为，学习方式（learning style）是指个体在进行学习活动时所表现出的具有偏好性的行为方式与行为特征，学习方式反映个体学习活动中的个体差异，与个体的性格及学习习惯有关，有多种不同类型，主要有：①沉思型与冲动型。前者在思考之后做出反应；后者则凭直觉立即做出反应，易出错。②场独立型与场依存型。前者较少受外界刺激干扰，独立学习；后者易受外界因素干扰，难以独立学习，具有依赖倾向。③平稳型与敏锐型。前者习惯以常规方式学习、思考问题，长于守成，短于创新；后者倾向于做新的尝试，思想灵活，反应敏锐。④冒险型与谨慎型。前者喜欢新奇，敢于冒险，力求成功倾向占优势；后者则是避免失败倾向占优势。⑤认知繁化型与认知简化型。前者倾向于全面、细致考查事物，力求面面俱到，但不易抓住重点；后者倾向于以点概面，易受表面因素影响，不易触及问题深处。

学习方式，不是具体的方法或策略，它指的是学生在自主性、探究性和合作性方面的基本特征。学术界对学习方式的概念尚未形成一致看法，但大多数学者认同学习方式指的是"学生在完成学习任务时基本的行为和认知的取向"（Biggs，1987；转引自孔企平，2001）。

对不同学习方式的划分，体现了以学生为中心的教育理念。我们要围绕学生学习方式特点来设计、组织整个教和学的活动。

3.8.1　引导学生采用自主、探究、合作学习方式的重要意义

学生是学习和发展的主体。英语课程，必须根据学生身心发展和外语学习的特点，关注学生个体差异和学生不同需求，爱护学生的求知欲和好奇心，充分调动学生的主动意识和进取精神，倡导自主、合作、探究的学习方式。教学内容的确定、教学方法的选择和评价方式的设计，都可以使用这种学习方式。推广学生自主、合作、探究的学习模式已成为高校英语教学改革的重要内容，在国内越来越受到专家学者的关注。

传统的语法课堂上往往以教师为中心，采取归纳法或演绎法为主要教学方式，而进入高校阶段，英语教学改革提倡的理念是以学生为主体，鼓励学生参与融入、探究学习，更加注重学生的亲身体验（experiential learning）。传统的语法教学多采用精讲多练的方式，而大学英语课程改革提倡以学生为中心，在实践运用中学习英语语法。传统的语法教学模式下，学生学习语法

知识靠的是记忆和复现,很大程度上依赖于学生记忆能力高低来评估学习能力,忽视了培养学生发现问题、分析问题、解决问题的能力。学生虽然记住了各种复杂的语法结构,但却并不具备运用这些知识去独立解决问题和自主获取新知识的能力。换句话说,学生并不具备自主学习的能力。与此同时,当今社会背景下,人们是否有发展潜力并在未来竞争日趋激烈的人才市场上占据一席之地,很大程度上取决于是否拥有强大的自主学习能力。

3.8.2 在英语语法教学中采取自主、探究、合作学习方式

高校阶段的英语课程担负着培养学生英语综合应用能力的重任,到了研究生阶段更是如此。近年来,在教育部倡导打造大学高质量、有实效的"金课"背景下,提高大学英语语法教学质量,发挥学生主体作用,培养学生自主、探究、合作的学习模式已经成为必然。为此,教师要更新教育理念,转变教学方式;学生也要开动脑筋,主动思考,提出疑问,自主学习英语。

例40:笔者在任教过程中发现相当一部分研究生对英语语法中的分裂句(cleft sentence)理解有偏差,掌握不牢靠。因此,决定采取自主、探究、合作的学习方式来复习巩固这一语法结构。笔者向学生呈现了以下句子:

It was in Beijing that he works.

It is the CEO who saved the company out of trouble.

It is our country that we love.

It was in 2019 that COVID-19 broke out.

It was 2019 when COVID-19 broke out.

然后要求学生独立思考前三个句子的共性特征,然后分组合作,归纳分裂句的使用规律。通过小组合作、探讨、归纳,学生总结出了分裂句的结构,即"It is+状语/主语/宾语+that/who+其他句子成分"。

笔者趁热打铁,让学生通过小组讨论的方式对第四句和第五句之间的区别进行探究,最后学生分组给出了结果,即"区分是否是分裂句主要看把该结构去掉后看整个句子是否成分完整"。根据这个判断,第四句是分裂句,而第五句则不是,句中的"it"指代时间,"when"是时间状语。

评析:传统的语法教学常常是教师对语言基本结构和使用方法进行讲解,然后带领学生做练习来巩固。这是一种以教师为中心、学生被动学习的模式。在此过程中,教师忽视了研究生作为语言学习主体已经完全具备了独

立发现、合作探究的能力，没有为学生提供宝贵的感悟、理解、归纳规则的机会。案例中的采取的小组合作、积极探究的方式让学生主动去探索、发现、总结，有助于培养学生的自主学习能力和团队合作能力。

3.9 精选例句开展语法教学

英语语法教学中，经典例句是辅助教师讲解语法规则的重要手段和资源。例句难度是否适宜、能否引发学生关注、能否激发学生兴趣，直接影响学生对语法规则的理解和掌握，影响语法教学效果。教师应该对语法教学过程中的例句选择格外关注，一定要精挑细选，不可大意而为之。

3.9.1 例句一定要有典型性

讲授英语语法时一定要确保例句具有代表性、典型性，能通过例句向学生展示语法结构及语用功能。使用典型例句，有利于学生对新的语法结构吸收内化、举一反三。例如，在讲授被动语态时，教师可以举以下典型例句：

Rome was not built in a day. 罗马不是一天建成的。
English is widely spoken across the world. 英语在全球广泛使用。

3.9.2 例句要有趣味性

兴趣是最好的老师，是学习语法的巨大动力。选择生动有趣、富有内涵的谚语、成语、格言和警句等生动有趣的例句，能够有效消除语法学习的枯燥乏味。下面试举例说明：

We are what we eat. 你读什么样的书，就会变成什么样的人。（名词性从句）
As a man sows, so shall he reap. 种瓜得瓜，种豆得豆。（倒装句）
All that glitters is not gold. 发光的并不都是金子。（定语从句）
The grass on the other side is aways greener. 风景那边独好。（比较级）
Let nature take its course. 船到桥头自然直。（let 后跟 – to do 作宾语补足语时要省掉 to）
You can take a horse to water, but you can't make him drink. 不能强人所难。（情态动词 can 的用法）
To see is to believe. 眼见为实。（ – to do 结构做主语和表语）

许峰（2007）调查后发现，教师在语法教学中运用名人名言、格言、警句等的效果显著，可以使抽象的语法顿时变得生动有趣，有助于调动学生学习积极性，同时还可以进行品德和情感教育，从而实现课程润物细无声的育人功能。

3.9.3 例句要尽量避免生僻词

讲解语法规则时最好不要出现大量生词，否则学生的注意力就会转移到生词学习上，分散了学生学习语法的注意力，就模糊了语法教学的重点，运用学生熟悉的单词能成功把学生注意力集中到语法结构的学习上。例如，在教授-ing分词充当何种句子成分时，教师可以举"I loathe playing squash."这样的例句，但考虑到所任教班级学生的认知水平可能存在的差异，loathe和squash两个单词相对生僻，可以把该句改进为"I don't like playing sports."学生不会把注意力转移到使用频率比较低的单词上而顺利掌握like doing句式，并掌握-ing分词可以充当宾语的句法功能。

3.10 通过思维导图开展语法教学

19世纪70年代，巴赞（Tony Buzan）发明了一种创新式的教学工具，他称之为思维导图（mind-mapping），又名心智导图，是表达发散性思维的有效图形思维工具，它简单却又很有效，是一种实用性的思维手段。思维导图将思维痕迹用线条和图画呈现出来，形成发散性结构，最大限度地激发学生的想象力和创造力；它看似一张神经网络图，但可以化繁为简，把复杂的语法现象简单化，能有效锻炼学生的归纳总结能力，提高学生的理解能力、记忆能力和逻辑思维能力。

现举例说明。

例41：笔者在带领研究生复习虚拟语气时就引导同学们以小组为单位，通过头脑风暴，根据自己对虚拟语气的理解描绘思维导图，教师可以在旁边做适当的点拨，鼓励学生认真梳理虚拟语气中的重要语法点，脱离教师提供的语法框架和思维模式，选择自己认为重要的内容和有代表性的知识点，把复杂的语法结构条理化、清晰化。经过大约半个小时的小组协作，同学们成功制作出形式各异的思维导图。图3-1为其中一个小组分享的作品。

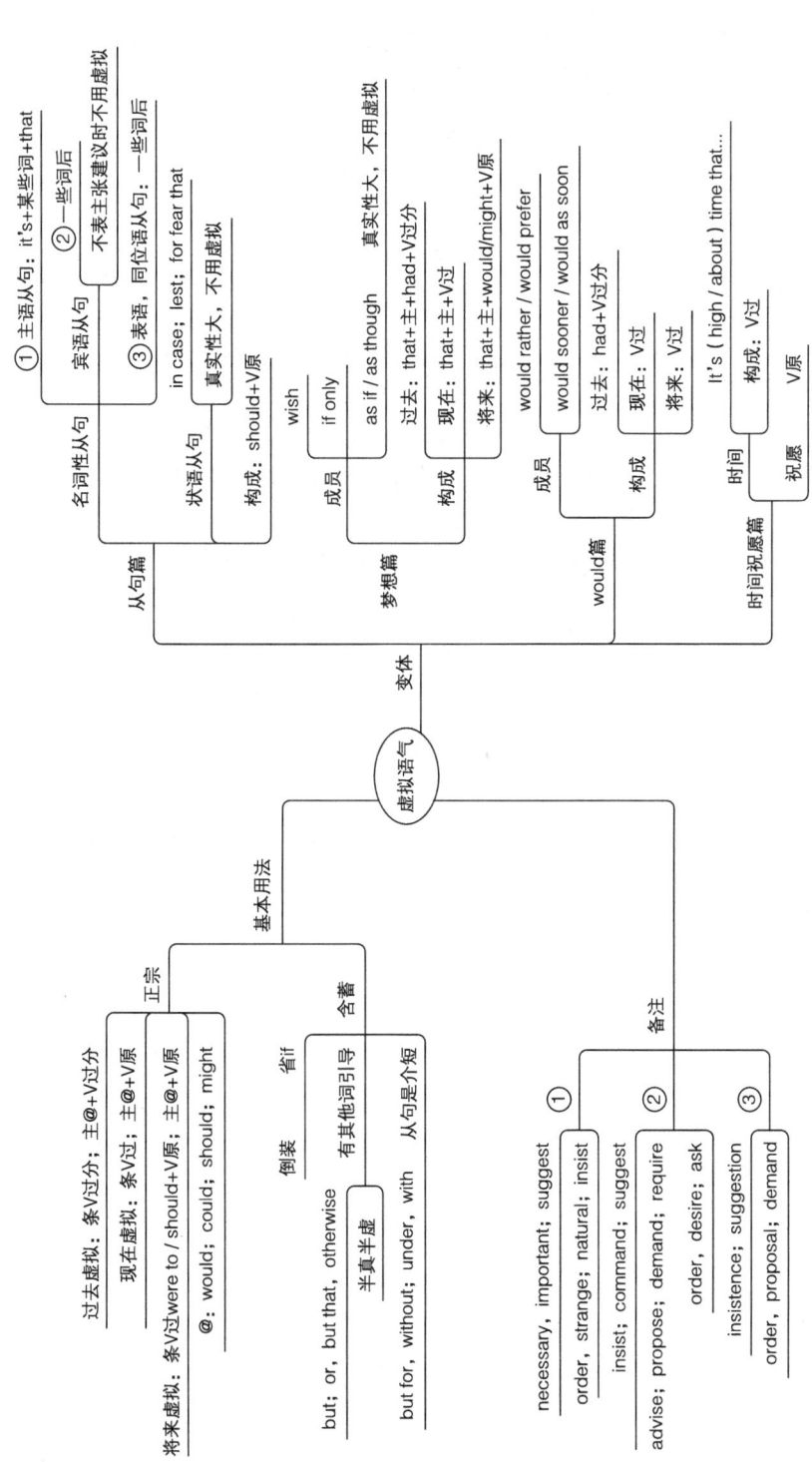

图 3-1 虚拟语气思维导图

图 3-2 是笔者在带领同学们复习倒装句时，其中一个小组通力合作的成果，该组同学把倒装句分为全部倒装和部分倒装两种类型，然后对各自的句型构成和使用时机通过线条的方式勾画出来，纷繁复杂的倒装句语法顿时显得清晰简单。

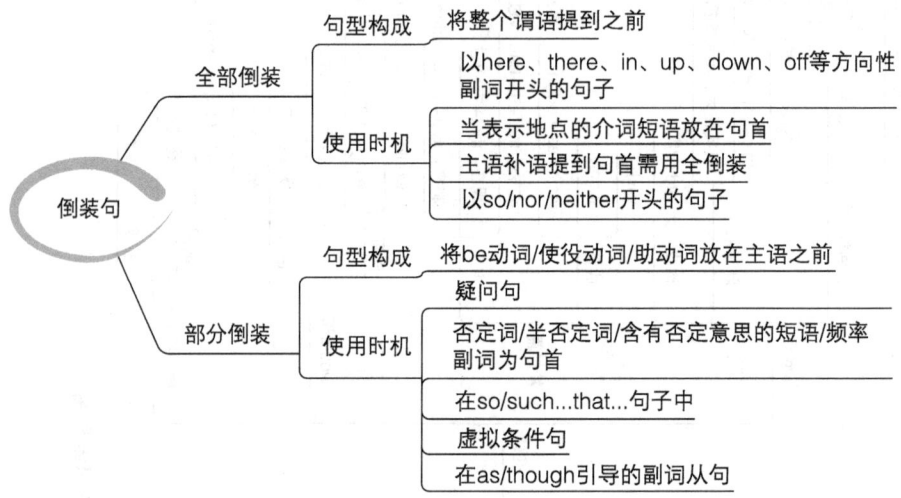

图 3-2 倒装句思维导图

评析：在语法教学过程中，巧妙应用思维导图，能帮助同学们把语法化难为易，化繁为简，把知识脉络化，同时还能激发同学们学习英语语法的积极性和主动性，从而提升学生的英语综合能力。

第4章

英语听力教学

4.1 英语听力教学存在的问题

在人们日常生活、学习和工作中,"听"扮演者极其重要的角色。它是人们获取信息的主要渠道,也是学习知识的主要渠道,如听广播、听讲座、听课等。由此可见,听是人们日常交际的一个重要组成部分。

学习英语过程中,听也是我们获取信息、学习知识、陶冶情操、愉悦身心的重要途径。心理学测试实验表明,人们通过视觉、听觉获取的知识占全部知识的4/5以上。听的技能在四项英语能力中排在第一位,只有听清楚、听准确、听明白,才会有高质量的语言输出,才能保证交际的正常进行。同时,听英语还可以培养学生的英语思维能力,增强记忆力。有关研究结果表明,语言的学习可以锻炼人类大脑的海马体(Hippocampus),而海马体与我们记忆和吸收新知识的能力密切相关。换句话说,海马体越大,记忆力就会越强,而思维的转换,能有效扩大我们的海马体,增强我们的记忆力。

虽然英语听力的培养对语言的学习至关重要,但由于主客观条件限制,加上外语评估中听力所占比重过低,甚至个别省份的高考英语听力不计入总分,导致学生听力技能的培养长期被忽视。而学生为了提升分数,情愿花费大量时间去做题也不愿意训练听力。进入大学阶段的部分学生在英语课堂上基本上是"聋子英语",这种高投入、低产出的英语学习模式的弊端暴露无遗:中国大学生缺乏英语实际应用能力和英语思维能力。笔者认为,除了教育体制的原因之外,英语听力培养还有两个方面的问题。

4.1.1 教师的问题

英语教师在实施听力教学过程中存在的问题是导致学生听力水平不高、听力习惯不好、学习策略匮乏的重要原因。例如，教师在听力教学时，形式过于单一，常常采用听录音—做练习—核对答案的方式。这种训练听力的方法过于关注练习答案的正误，而忽视了学生听力文本解码、理解的过程，忽视了对学生在听力中遇到的"疑难杂症"的分析，忽视了对听力文本特点的分析，忽视了学生做笔记的技能及学生的听力是否受到学生自身口音的影响而产生理解障碍，忽视了语篇文化内涵等。

这种教学方式往往会导致严重的后果。由于学生在开始听力练习前，并没有激活大脑储存的信息，学生对听力内容缺乏背景信息和基本语言铺垫，导致学生对听力内容缺乏心理预期。因此，在播放听力过程中，学生无法有效使用听力策略，如不能对相关重要信息进行加工处理、做必要的记录等。最终，学生的听力练习结果不理想，无形中增加了学生的心理负担，对听力练习和考试产生恐惧，对英语听力逐渐丧失信心，最终形成了恶性循环。这样的教学方式无法有效提升学生的听力理解能力，学生也无法学到如何独立、高效开展英语听力能力训练。

因此，教师一定要预先了解听力理解中信息处理模式和认知要素，并在此基础之上设计合理、有效的英语听力教学活动，力求改变形式单一的听力教学方式，帮助学生形成良好的练习英语听力的策略和方法，提升学生内驱力，最终提高其英语理解能力，以实现交际目的。

4.1.2 学生的问题

英语学习过程中，部分学生存在急功近利的想法，想通过所谓的速成技巧提升听力，殊不知英语听说能力的培养不可能立竿见影，绝不是一朝一夕可以完成的。对英语听力学习不成熟的看法导致部分学生对听力理解能力提升所要付出的努力估计不足，对遇到的困难缺乏信心，遇到挫折就打退堂鼓。因此，教师一定要引导学生，告诉他们听力的提高不可能一蹴而就，因为听力涉及的因素相对较多，如英语口音、词汇、语法、语用功能、语篇、文化背景知识等。必须遵循英语听力学习规律，付诸实践，坚持不懈，通过大量的有针对性的听力练习方可有效提升听力技能。

除了对英语听力能力提升途径存在误区外，学生在实际行动上也或多或少地存在这样或那样的问题，主要表现在听力练习时间局限于有限的课堂上，课下投入严重不足。听力学习成了"三天打鱼，两天晒网"，无法持之以恒。另外，尚有部分同学对听力训练方式缺乏科学的了解，他们常常是边看录音文本边听录音，殊不知自己根本不是在听英语，而是在读文本。

除此以外，学生还存在一些其他问题。例如，不擅长速记，而且在听力训练时容易焦虑、紧张，导致无法准确接收信息并对英语语音信号进行有效加工处理。

4.2 影响听力理解的认知要素

交际是双方传递信息、接收信息的过程。听是人们语音信息的接收，是交际过程中一个不可或缺的重要组成部分。人们面对面交际时，除了听觉刺激外，还会借助眼神、面部表情、手势等非言语交际手段来帮助自己理解。

听是一个多种要素相互作用的生理过程和心理过程。它以声波形式刺激听觉器官为开始，声波不断传入耳膜，刺激内耳的神经，脉冲波就此产生。随后，脉冲波被视觉中枢接收。听者运用自身掌握的语音、词汇、句法、语法、背景知识和学习策略，对脉冲波传来的信息进行解码，从而帮助自己理解说话者所要表达的思想。从此过程不难看出，为了实现对传入耳膜的声波信号的理解，听话人不是消极、被动的，而是积极、主动地运用他们能够用到的各种信息和手段，采取多种策略对信号进行解码、加工。

听力理解过程到底是由哪些要素构成？目前学术界尚无统一的说法，但我们一般认为，听力理解过程包括以下四个要素：接收（receive）、注意（attend to）、理解意义（assign meaning）和记忆（remember）。

4.2.1 接收

接收是整个听力过程的开端，是听力理解过程涉及的第一个要素，它指的是听力理解的生理过程。换言之，人们依靠听觉器官接收信号刺激。在面对面的交际中，接收还包括眼睛所收到的各种视觉刺激，如表情、手势、眼神和姿势等。这些视觉刺激都影响人们对听觉器官接收的信号的选择、理解和记忆。听觉器官和视觉器官接收到的信号刺激都是听力理解的基础。不接收这些信号刺激,听力理解就成了无本之木。

4.2.2 注意

注意是构成听力理解的第二个要素,指的是受众有选择地感知和记忆听觉刺激。听力理解中,一些主观因素会影响我们对注意对象的选择。例如,人们在听力理解时所处的身体状况和心理状态(口渴、饥饿、情绪低落、精神亢奋等)都在一定程度上会对人们选择注意对象时产生影响。听力理解过程中,也存在一些客观因素,如雷电、雨雪天气、室外各种噪音等,也会影响我们对注意对象的选择。我国从2003年开始把高考由7月提前至6月,就是考虑到7月的高温天气和可能发生的气象灾害(台风、强降水等)这些客观因素可能会给应考者带来负面影响。

布罗德本特(Broadbent)于1958年提出过滤器模型。他认为各种听觉刺激是通过人体的多种感觉输入渠道进入神经系统,而这些不同的渠道在感觉过滤器(sensory filter)处汇合。感觉过滤器是一个选择机制,它可以依靠听觉刺激物理特征进行分析和判断,其后那些被选中的信息由通道进入人的意识。与此同时,那些没有被选中的听觉刺激被储存到人们的短时记忆里(short-term memory),或被注意,或被遗忘。过滤器模式其实是一种"全或无"(all or none)的模型,来自一个信道的信息被选择全部通过,另一信道的信息由于阀门被关闭,可能就会彻底忘记。

特莱斯曼(Treisman)于1960年提出一个新模式。该模式认为,听觉信息在通过不同信道抵达神经系统的某个地方时,首先要接受物理特性分析。随后,过滤器利用获取的信息选出人们需要注意的信息。在此过程中,过滤器会根据更为复杂的信息识别方式进行选择,如对语音、语义、语法进行的分析。

1967年,奈尔塞尔(Neisser)提出分析—综合模式。该模式认为,进入感官的刺激第一步要经历一个"前注意"(pre-attentive)的加工阶段。人们积极运用知识储备来分析听觉刺激的感觉特点和语义特征,以获取信息。在奈尔塞尔看来,注意是加工的结果。因为人们对刺激的加工在数量上有所不同,所以会出现被注意的刺激和未被注意的刺激。

1973年,卡恩曼(Kahneman)提出能力模式(capacity model)。注意力

是有限的能力资源，灵活分配给信息加工的不同阶段。人们在进行注意力资源分配时存在以下三个方面的制约：无意识、自动化规则；有意识的决定；脑力工作的难度。

克里斯·贝雷（Chris Bailey）于2018年出版了专著 *Hyperfocus*（《超级注意力》）。在书中，贝雷认为人们的大脑有两种注意力模式：hyperfocus（超级注意力）和 scatter focus（发散注意力）。大脑在超级注意力模式中，主要会对新的信息提取、解码；在发散注意力模式中，主要会在信息之间建立某种关联。两者相辅相成，同等重要。人们会因此不断获得新的知识点，并将它们与原先获取的知识联系起来，所以人的大脑才会储存越来越多的信息。贝雷认为，人的注意力像电脑的内存一样在单位时间内是有限的，所以人在单位时间内能够聚焦的事物也是有限的。有些事物需要极高的注意力才能完成，如阅读和写作；有的事情则不需要什么注意力也能完成，如听音乐和呼吸。因而，在单位时间内，同时做一件以上、需要极高注意力的事情是非常困难的，因为不同的事物会占据人们大块注意力，有可能会突破我们注意力的上限。例如，人们不太可能同时阅读和写作，因为两者都需要高度的注意力。与之对应的是，人可以同时处理一件需要高度注意力和一件或者几件不需要高度注意力的事，因为它们所需要的注意力总量还没有到达我们的上限，如我们可以边听音乐边看书，边开车边听音乐。而最理想的状态就是贝雷定义的超级注意力状态。换言之，在单位时间内，注意力完全花费在某一件事上。例如，我们在练习英语听力的时候，大脑基本把所有的注意力都集中在听觉器官接收到的听觉刺激上，可以接收到更多信息，听者记忆效果最佳。而发散注意力模式下更容易思考多个问题，期间大脑也能得到适当的休息，关注力得到恢复。总的来说，在面临特定目标和任务时，超级注意力模式效果最佳，而轻松的时候可以任由大脑开启发散注意力模式，汲取多方面信息。

听力理解受诸多因素的影响，如记忆、注意、策略、图式、动机和焦虑等。在这些因素中，记忆是听力理解的基础，信息首先由感觉记忆编码，然后经短时记忆存储及工作记忆加工，与长时记忆中的信息建立联系，从而建构和表征意义。

信息加工心理学认为，人的记忆可以分为三种，即感觉登记（sensory register）、短时记忆（short-term memory，STM）及长时记忆（long-term memory，LTM）。

原始刺激经过人们的各种感官进入感觉登记系统。该系统内存大但信息储存时间短暂，因此感觉登记也称为瞬时记忆。研究表明，听觉的瞬时记忆持续时间为 3~4 秒。听觉刺激如果在感觉登记系统无法立即得到注意，即没有进入短时记忆系统，那么它就极有可能被听话人遗忘。

顺利进入短时记忆系统的听觉刺激，形式上发生了转换，例如从单词/eg/的音波形式转化成了"egg"这一有意义的形式。相关研究表明，进入短时记忆的听觉刺激能保持 20 秒到 1 分钟。如果刺激没有被注意，它就面临被忘记的命运。反之，如果刺激引起注意，它就有可能进入长时记忆系统中。

4.2.3 理解意义

理解意义是构成听力理解的第三个要素。在此过程中，听话者尝试理解说话者想要表达的意思。人们到底是如何理解意义的呢？相关研究人员提出了多个与意义理解相关的理论：

意象理论（imagery theory）：在伦德斯藤（Lundsteen）看来，听者理解意义可以分为两个过程：语音编码（acoustical encoding）和语义编码（semantic encoding）。前者指的是人们把听到的语音信号刺激转化为内部言语，而后者则指人们把听到的语音信号刺激转化为暂时的内部图像或知觉意象。这些初步意象形成后，人们在长时记忆系统里搜索与之匹配的意象。如果未能找到，人们会检验接收到的语音信号刺激，或者再次到记忆系统里搜寻。如果找到了合适的匹配对象，意义就被人们理解。

分类系统理论（categorical system）：人们的记忆系统里储存有各种各样的概念。听者选择了自己要注意的听觉信号刺激后，会到自己的记忆系统里搜索该信号刺激的概念类别。如果没有找到所属类别，该信号刺激的意义就无法被理解。

信息加工理论（information processing）：该理论把人脑比作电脑，认为信息是通过感觉器官输送到人脑的听觉和视觉信号。大脑加工输入的信息，并根据记忆系统里储存的信息对其进行理解。在该理论的启发下，认知心理学提出了图式理论（schema theory）。该理论认为，人脑中储存了各种各样的图式。图式是有组织的知识结构，这些图式由结点（概念、物体、事件）和纽带（结点间的联系）组成。人们运用大脑中储存的图式加工和理解新的信息。

如果讲话者提供的信息和听话者大脑中储存的图式一致，信息的理解就比较容易。反之，信息的理解就会比较有难度。

以上理论从不同角度揭示了人们理解意义的过程。但就语言意义的理解来说，最根本的还是取决于听者的语言水平。如果缺乏一定的英语水平，对英语信息进行加工和理解就无从谈起。

4.2.4 记忆

记忆是构成听力理解的第四个要素。在此过程中，听话者把所接收到信息储存在长时记忆系统里。该系统容量大，保持信息的时间也相对较长。

4.3 听力理解过程模式

根据 F. C. Barlett（1932）提出的图式理论，学生处理信息有两种方式（processing codes）：自下而上（bottom-up）和自上而下（top-down）。前者表现为学习者比较注重单词、短语、句子等具体图式，即从具体到抽象的过程；后者指学习者比较注重高层次图式的运用，即利用大脑储存的抽象概念或知识来分析、处理输入的新信息，即从抽象到具体的过程。听者在具备背景知识的前提下，能以较快的速度投入听力状态，较少关注语言难点，但会主动利用大脑中的记忆图式来对生词和难句解码，从而保证整体理解的实现。从学习者的角度来看，两种方式在获取信息和处理信息方面同等重要，缺一不可。

自下而上和自上而下两种模式从不同角度，在不同层面对听力理解做出了合理的解释，但两者却都有偏颇之处，没有为人们呈现出听力理解过程的全貌。越来越多的人认为，听力理解过程既是一个从下到上的过程，同时也是一个自上到下的过程。听力理解受制于语音信号刺激和听话者付出的努力，换言之，有效的听力理解是由听话者和听力文本之间的相互作用决定的。一方面，听话者要掌握一定的语言文化知识，并根据具体情况进行检索，调用人脑中储存的相关信息；听话者的瞬时记忆、短时记忆及注意力都要处于最佳状态。另一方面，听力文本也要方便听话者进行认知加工，如信息量丰富，能激活听话者的图式；段落编排顺序合乎逻辑；内容条理清晰，主次分明；使用的语言通俗易懂等。

4.4 听力教学的实施

前面三节我们重点探讨了听力教学中存在的问题、听力理解认知要素和听力理解模式，有助于我们深入了解英语听力教学过程中的困惑、问题及应对措施，以便教师有效开展听力教学，提升学生听力理解水平。

根据 4.3 节的讨论我们得知，听力理解是一种信息加工能力，听话者对接收到的英语语音信号的处理是否成功在很大程度上取决于听话者加工信息能力的高低。现代认知心理学认为，如果一个人在某方面表现出来的能力比较高，那么他掌握的该方面的知识就比较多；反之亦然。这样看来，学生英语听力理解能力的高低取决于其大脑中储存的母语知识和英语语言背景知识，以及具体听力材料涉及的母语和英语方面的知识储备。

有效的听力理解取决于学生对英语词汇、语音、语法、话题等多方面综合语言知识的掌握程度，取决于学生是否了解相关文化背景知识，当然也跟学生是否对英语听力理解持有正确态度有关。例如，学生在听力理解过程中是否有心理负担，是否能激发图式并大胆推测等。

4.4.1 强化学生综合语言知识

语言知识直接影响听力理解效果，英语语言知识水平直接决定听力水平。因此，强化学生英语语言知识是提升英语听力的重要保障。

1. 强化英语语音知识

（1）有针对性地设计辨音练习

听力理解的基础是能够识别并理解组成语句的词汇，而这种能力和学生的辨音能力密切相关。

语音是语言的物质外壳，语音教学是语言教学的基础，而英语辨音训练是提升听力水平的重要途径，其主要目的是训练学生能够准确识别具备意义特征的英语语音。在设计英语辨音练习时，教师要从具体学情出发进行有针对性的设计，我国幅员辽阔，方言众多，高校学生生源结构呈现出多样性、复杂性等特点，在做教学设计时，要充分考虑这一因素。

例 42：以笔者 2021—2022 学年任教研究生英语课程的班级为例，80%以上的生源来自其他省份，相当一部分同学能使用流利的粤语、客家方言、闽南语、东北话、西北方言进行无障碍交流。受方言影响，这些同学的普通话和英语都带有一定程度的口音。例如，讲粤语的同学往往会在英语发音中会出现吞音现象；再如，来自南方部分省份的学生无法区分 /n/ 和 /l/，经常会把"Good night"说成"Good light"，把"Good morning"讲成"Good morling"。总之，方言中的发音及口音都会对学生的英语语音产生一定的影响。因此，教师要针对学生英语语音中存在的问题一一整理，并围绕发音错误设计一系列有针对性的辨音练习，对学生进行专门训练。

笔者针对 /n/ 和 /l/ 不分的同学，选取了英语儿歌中的绕口令：

There is no need to light a night light on a light night like tonight.

For a bright night is just like a slight light.

通过反复练习，方言中 /n/ 和 /l/ 不分的同学，在英语中逐渐有了初步的辨音能力，两个音素在单词中出错的概率大幅下降。

评析：笔者根据具体学情，找准学生发音问题，对症下药，设计了绕口令环节让学生进行针对性较强的练习。通过反复练习帮助学生纠正两个发音，从而最大限度地摆脱学生口音给英语听力带来的负面影响。

（2）弱读

在理解意义过程中，要留意英语中经常出现的弱读现象。英语中的许多虚词，例如"a""an""the"等冠词、"in""on""under"等介词、人称代词常会被弱读（weak form），能够从语流中捕捉到实词就显得至关重要。

例 43：以 2021 年 12 月的六级听力中的第一个对话为例：

Sarah: Hi David, I haven't <u>seen</u> you in <u>class</u> for almost <u>two weeks</u>. We thought you had <u>disappeared</u> on <u>holiday</u> early or something.

David: Hi Sarah. Well, it's a bit of a long story, I'm afraid. I got a <u>throat infection</u> last week and had to <u>go to hospital</u> to get some <u>antibiotics</u> as I really wasn't getting any better.

......

评析：在该部分对话中，画线部分是动词、名词等实词，是说话双方在交流中强调的信息，因此在句子中都被重读，而介词、物主代词、冠词、连词等辅助功能的虚词都被弱读。汉语中我们追求的是字正腔圆，几乎没有弱读,所以弱读对于练习英语听力的中国学生来说绝非易事。在连贯的英语语句中,实词由于表示实际意义,往往需要重读,读该词本来的读音。而虚词在句中只起到辅助功能,一般不重读,且使用弱式(弱读形式),只在特殊情况下才读成强式(强读形式)。

(3) 不完全爆破

英语中爆破音和爆破音或与其他的辅音相邻,会产生不完全爆破,也称失去爆破,这种特殊的发音现象也要引起学生的足够注意。第一个爆破音只做出发音准备,但并不发音,稍微停顿即可。失去爆破主要是考虑到交际中要遵循省时、省力的原则。英语中需要失去爆破主要有以下五种情况:

① 爆破音+爆破音:/p//b//t//d//k//g/ 相邻时前一个音失去爆破,如 sui(t)case, blac(k)board, han(d)bag, do(g)park, as(k)Bo(b) to si(t)behind me 等。

② 爆破音+破擦音:/p//b//t//d//k//g/ 与 /ts//dz//tr//dr//tʃ//dʒ/ 相邻时,要失去爆破,如 goo(d)job, grea(t)changes, gran(d)child, o(b)ject 等。

③ 爆破音+摩擦音:/p//b//t//d//k//g/ 与 /f//v//s//z/ θ / /ð// ʃ //ʒ/ 相邻时,要失去爆破,如 ea(t)food, goo(d)friend, grea(t)vase 等。

④ 爆破音/t//d/ + /m//n/ 时,要失去爆破,如 goo(d)night, grea(t) mom, wri(tt)en, gar(d)en 等。

⑤ 爆破音/t//d/ + /l/ 时,也要失去爆破,如 a(t)last, goo(d)luck, straigh(t)line, a bi(t)louder, frien(d)ly, mos(t)ly 等。

(4) 连读

英语中还存在连读现象,听力理解过程中也要重视。对于中国学生来说,母语中并不存在此现象,所以这成为听力理解中的一大障碍。连读是指人们在用英语交谈时,为了发音方便和加快语速将单词连着发音的一种现象。一般情况下,辅音+元音和元音+元音时要连读。例如,Not at all 要读成 /nɒ//tæ//tɔːl/,We all 要读为 /wiː//ɔːl /。

(5) 区分英式英语和美式英语

英式英语和美式英语的不同发音特征也要引起注意。例如,"西红柿"对应的英文单词是"tomato",在英式英语中读作 /təˈmɑːtəʊ/,而在美式英语中则读作 /təˈmeɪtəʊ/;"易碎的"的英文单词是"fragile",在英式英语中读

作 /ˈfrædʒail/，美式英语中读作 /ˈfrædʒl/，类似的单词还有 "versatile"，"mobile" 等。英式英语和美式英语中还有一个显著区别，就是是否有卷舌音。美式英语中如果有字母 "r"，则一般需要卷舌，而英式英语则不然。例如，"bird" 和 "park" 两个单词在美式英语中分别读作 /bɜːrd/ 和 /pɑːrk/，而在英式英语中分别读作 /bɜːd/ 和 /pɑːk/。

2. 强化英语词汇知识

单词是构成英语语言的最基本要素。词汇量大小、词汇类别及词汇的听觉刺激特征，都会直接影响学生的英语听力理解。

英语词汇是融语音、语义、词形为一体，是理解语言的基本单位。在语流中识别、检索、推测单词及短语的能力理解英文句子和语篇的重要保证。听话者的主要任务是从一系列语音信号中切分并识别出来英语单词、词组和句子，并把它们与瞬时记忆、短时记忆和长时记忆中存储的语言符号和信息进行关联，从而理解语言意义。

英语听力训练过程中，也要留意英语中的同音异形词和同形异义词。

同音异形词有 flower（花）/flour（面粉），scene（景色）/seen（see 看到的过去分词），right（右边）/write（写），led（lead 带领的过去分词）/lead（铅），to（为了）/two（二）/too（也）等。

同形异音异义词列举如下：

produce：/prəˈdjuːs/ 动词，制造； /ˈprɒdjuːs/ 名词，农产品。
rebel：/riˈbɛl/ 动词，叛乱； /ˈrebəl/ 名词，叛乱分子。
contract：/kənˈtrækt/ 动词，收缩； /ˈkɒntrækt/ 名词，合同。
resume：/riˈzjuːm/ 动词，恢复； /ˈrezuˌmei/ 名词，简历。
project：/prəˈdʒekt/ 动词，预计； /ˈprɒdʒekt/ 名词，工程。
minute：/maiˈnjuːt/ 形容词，微小的； /ˈminit/ 名词，分钟。
invalid：/inˈvælid/ 形容词，卧病在床的； /ˈinvəlid/ 名词，卧病在床的人。

如果听到 /tuː tu tuː/ 表示时间，那就应该是 "two to two"，即 1 点 58 分。如果听到了 "fresh produce"，此处是指 "新鲜的农产品"。

同时，要注意英式英语和美式英语中相同的词汇可能表示不同的意义。美式英语中 "football" 指的是 "美式橄榄球"，而英式英语中则指 "足球"。又如 "engaged" 在美式英语中往往指 "订婚"，而在英式英语中可能指 "忙碌的、占线的"。如在美国，"占线" 一般说 "Line is busy."，而在英国可能会说

"Line is engaged."。有时相同的事物在两种不同英语中会对应不同英语词汇。如下所示（前为英式英语，后为美式英语）：

  足球：football，soccer；

  秋天：autumn，fall；

  香菜：coriander，cilantro；

  大葱：scallion，green onion；

  茄子：aubergine，eggplant；

  冰棒：ice lolly，popsicle；

  公寓：flat，apartment；

  衣柜：wardrobe，closet；

  尿布：nappy，diaper；

  裤子：trousers，pants；

  电梯：lift，elevator；

  地铁：underground/tube，subway；

  人行道：pavement，sidewalk；

  汽车后备厢：boot，trunk。

  例44：笔者曾经在国外生活，因找不到衣柜在哪里，随口就问身边的美国朋友，"Excuse me, where is the wardrobe？"（打扰一下，请问衣柜在哪里？）结果美国友人百思不得其解，反问道，"What is a wardrobe？" 笔者这才意识到，"wardrobe"是英式英语，美式英语对应单词应该是"closet"。

  评析：由于笔者没有搞清楚"衣柜"在美式英语和英式英语中有不同的对应词汇，在和美国人交际的场合中使用了英式英语而造成交际障碍。因此，学习英语词汇时，应该了解同一个事物可能在英式英语和美式英语中会有不同的对应单词。

  此外，语序在英语的意义表达中也发挥着重要作用，语序一旦改变，意义可能就随之而变。这样看来，听话者在听力理解过程中识别英语词汇时，也需要按照词汇出现的先后顺序进行，这有助于他们准确把握句意。

  先举词序不同意义迥异的短语为例。

  例如：riot police 防暴警察，police riot 警察暴动；call on 号召，on call 随时待命；only if 只有，if only 只要；turn in 上交，in turn 按照次序。

  再举一个因词汇在句子中的顺序不同而导致意义不同的例子。如：

The couple don't have much money to spend on their international trip.

The couple don't have to spend much money on their international trip.

前一句重点在"钱不够用",而后一句重点则在"不必多花钱"。"没有钱可花"和"有钱不必多花",意思迥然不同,对比鲜明。语序对语义的影响,可见一斑。

又如:

Even the federal government admitted that these tax measures were unfair.

The federal government admitted that even these tax measures were unfair.

第一句话的意思是:即使是联邦政府也承认这些税收措施不公平;第二句话的意思是:联邦政府承认许多事情不公平,甚至包括这些税收措施在内也不公平。从译文不难看出,前者重点在"人",后者重点在"事"。

再次,英语词汇的文化内涵对听力理解也能起到四两拨千斤的作用,能有效帮助听者充分理解听力文本。英语语言在发展过程中,受到政治、经济、文化、科学、体育等各个领域的影响,产生了许多新的词汇和表达方式。此外,英语还受到其他民族语言文化的影响,英语语言因此变得丰富多彩。

例45: 如果仅从字面上看两个习语"once in a blue moon"和"talk turkey",很容易理解其意思,但其真实含义是什么呢?与文化有何关联?

评析: "once"即"一次","blue moon"翻成中文意为"蓝色的月亮",这个短语到底是什么意思呢?许多人不知道它跟天文学之间的关系,原来"blue moon"指的是在一个月里出现第二次全月,这种现象极少发生,所以英文中常用"once in a blue moon"来指代很少发生的事情,相当于中文中的"千载难逢"。

短语"talk turkey"直译为汉语意为"谈火鸡",但它真正意思却是"坦白地说",这句习语源于一个民间故事,来源于1837年 *Niles' Weekly Register* 的一篇文章。文章中记载,一位印第安人和一位白人合伙去打猎,打猎了一天有一只乌鸦和一只野火鸡,两人要平分猎物。白人对那位印第安人提出了分猎物的方法,要么自己拿火鸡对方拿乌鸦,要么对方拿乌鸦自己拿火鸡。然后印第安人吐槽道:"你干嘛不直接说你要火鸡呢?"所以,"talk turkey"就有了"坦率地讲"的意思。

再如,以下词汇和短语都与体育运动有关:

touch base(建立联系), rain check(可延期使用的票), home run(巨大的成功,全垒打)来源于棒球运动;

subpar(不够标准的,不达标的), up to par(达到正常水平), above par(很

好的，高于标准的）来源于高尔夫球；

down and out（穷困潦倒的，被击倒在地），on the ropes（处境艰难，濒临失败），throw in the towel（认输，承认失败），throw one's hat in the ring（宣布参加某个活动），hit below the belt（违规的，不公正的）则与拳击运用有关。

试想，当听力材料中出现"Thanks for the invitation, but I'll have to take a rain-check on it."时，如果学生不了解"rain check（因下雨等天气原因可以延期使用的票）"这个与棒球运动相关的短语的文化内涵，可能在信息提取过程中就会出现障碍，就无法准确理解这句话的意义。总之，如果我们不了解英语词汇的来龙去脉，我们可能就无法理解它的文化内涵。因此，在英语听力教学过程中，教师要引导学生时刻关注英语单词和短语中蕴含的文化特性，以此来丰富学生的内容图式。

最后，学生需要熟悉英语数字的常见表达方式。英语数字的听辨一直是中国学生听力练习的难点，很多同学在听力考试中经常在数字上丢分。什么原因导致我们对英语数字不敏感呢？造成这一问题最大的原因在于英汉两种语言对数字表达方式的差异。英语听力理解中的数字涉及基数词与序数词、日期与时间、电话号码、门牌、分数、小数、百分数及价格等，这些数字的表达习惯与汉语的有很大不同，这也给我们的听力理解造成很大困扰。提高对英语数字敏感度的第一步是熟悉各类数字的读法。具体来讲，英语听力中主要出现这几类数字：

①基数词和序数词。基数词是指 one, two, three, ... 这些表示数目的词，序数词是指 first, second, third, ... 这些表示先后次序的词。对于基数词来说，要特别注意单位的划分。英语和汉语相比缺失了"万"和"亿"的概念，如"三万五"在英语中是 thirty-five thousand（三十五千），"一亿"是 a hundred million（一百百万），这一差异导致不少同学在听力理解过程中很难快速反应过来。例如，听到 seven hundred and twenty-five thousand 很多人会在头脑中将其换算为 72 万 5 千，而不是直接理解为"725 千"。这一过程涉及计算，会导致反应时间变长。此外，还必须特别注意数字后缀-teen 和-ty 的区别，比如 thirteen /ˌθɜːˈtiːn/ 和 thirty /ˈθɜːti/。两者从理论上不难区分，但实际会话中受说话人口音、语调及语气等因素的影响，很容易引起混淆。

②分数和小数。分数表达中分子使用基数词，分母使用序数词，如果分子大于1，分母的序数词还需要加复数词尾-s，比如 3/5 的英文是"three fifths"，21/36 的表达是"twenty-one thirty-sixths"，后一种比较复杂的分数表达稍微不注意就可能听成"twenty-one，thirty-six"，理解失误就此产生。英语小数的读法是，以小数点为界，左边的数字按基数词的读法读，而右边的数字必须一个个读出。小数点读作"point"，如果小数点前为 0，读作"naught"或者"zero"。

③日期。在听日期表达时要留意英式和美式表达的区别，美式表达是"月-日-年"，比如 January 23rd 2022，读作：January the twenty-third, twenty twenty-two，而英式表达是"日-月-年"，比如 23rd January 2022，读作：the twenty-third of January, twenty twenty-two。

④时刻。表达有两种方式，一种从左向右读，我们可以称之为顺序法，跟中文的表达习惯一致，不易出错，比如 5：23 读作"five twenty-three"；另一种是分钟在前，小时在后，可以用 past/to 进行连接，我们可以称之为逆序法，比如 5：23 读作 twenty-three past five。如果分钟超过 30，我们可以说"差…分不到…点"，如 3：50 可以读作"ten to four"（差十分不到 4 点）。这一读法非常考验听者的快速换算能力，也是听力考试中频繁出现的考点。时刻的读法还经常用到"half"和"quarter"，分别用来表示 30 分钟和 15 分钟。

电话号码。读电话号码时一般会一个数字一个数字读下去，再加以适当的停顿，但如果遇到重复数字可能会用"double"或"triple"来说明。比如 273-111-33 读作：two seven three, triple one, double three。在雅思听力考试中，电话号码考点出现的频率很高，尤其是在对话类的录音形式中，经常会涉及对电话号码的考查。

3. 强化英语语法知识

句子包括语音、语义、语用和句法等多方面的信息，它们相互作用，相互影响，对听者的理解产生影响。听话者在理解听力输入信息过程中，必要的英语语法知识会帮其分析听力文本结构，提取重要信息，最终理解听力材料。分析句子是一个认知过程，听话者在短时记忆系统中对句子进行分析加工。由于短时记忆的容量十分有限，保持的时间较短，所以听话者必须迅速、准确地提取句子信息。为了高效地分析句子，听话者通常要利用语法结构特征，帮自己在短时间内理解句子意义。

（1）熟悉英语句子结构

英语中句子的结构相对比较严格，所以听话者通过句子语序理解听力文本是可靠的。为了能运用这个策略，听话者应该熟悉英语中常用的基本句子结构。英语中，基本的句子结构有 7 种，分别是：

SV（主语+谓语）：She runs.

SVC（主语+系动词+表语）：She looks gorgeous.

SVO（主语+谓语+宾语）：Cats love sleeping.

SVOC（主语+谓语+宾语+补语）：They elected him president.

SVOO（主语+谓语+双宾语）：The boss offered him a job.

SVOA（主语+谓语+宾语+状语）：I love you a lot.

SVA（主语+谓语+状语）：I sleep at night.

（2）依据语法规则对句子进行切分

通常情况下，听话者是在短时记忆中加工理解句子。心理学研究表明，人的短时记忆容量大约为 7 个信息单位。在加工英语长句时，听者通常要依赖语法知识，对听到的语音信号进行切分，把句子分成自己认为有意义的短语，然后按照切分好的词组理解句子意义。利沃斯（Rivers）和坦珀雷（Temperley）在 1978 年指出，听者会把自己已知的语法结构强加到他们听到的语音信号上。事实上，听话者根据自己感知的语流，结合自己的主观判断，把句子划分为若干个意群，从而有效减少了短时记忆系统的负担，也同时增加了短时记忆系统加工的信息量。

例 46：笔者曾在教授研究生英语课程中，要求学生按照意群将以下听力文本进行切分。

Teaching a subject helps me comprehend it better myself. I find that it furthers my own knowledge when I have to explain something clearly, when I have to aid others understanding it, and when I have to answer questions about it.（2020 年 9 月 6 级听力文本）

同学们根据掌握的语法知识，按意群对句子进行拆分：

Teaching a subject / helps me comprehend it better myself. I find / that it furthers my own knowledge / when I have to explain something clearly，/ when I have to aid others understanding it，/ and when I have to answer questions about it.（2020 年 9 月 6 级听力文本）

评析：该文本是对牛津大学物理学教授进行的访谈的一部分，一共有 41 个单词，包含 3 个 "when" 引导的时间状语从句。如果没有必要的拆分，大脑很难在短时间内准确提取所有信息。经过加工处理后，包含 41 个单词的两个句子被切分为若干个意群。学生根据意群提取必要信息，大大减轻了短时记忆负担，有利于在短时间内抓取必要信息，提升听力理解能力。

（3）了解话语标记的语用功能

说话者为了清楚表达自己的观点，有效传递信息，他们会使用功能英语语篇信号词。它们或预示下文走向、或说明事物的性质、或揭示句与句之间的关联。

Schiffrin（1987）认为，话语标记语（discourse marker）是指为了引导和制约听话人正确理解话语而选择的语言标记。它包括部分连词、副词、感叹词和某些短语，它们不受句法结构限制，但在言语交际中大量存在，对话语理解和语篇的构建起到特殊的语用功能，分析听力理解中话语标记的类别及语用功能，探究话语标记在听力理解中的作用，可以有效提高学习者听力理解水平。

于国栋、吴亚欣（2003）以语言认知为基础，对话语标记语进行分类，他将话语标记语分为三个类型：承上型（如 as a consequence, finally, in a nutshell, however 等）、当前型（如 honestly, actually, frankly 等）、启下型（如 well, by the way, as far as I am concerned, you may realize 等）。

例 47：现以 2021 年 12 月的六级听力原题中的第一个对话为例分析语篇信号词在听力理解中的应用。

W: Let's go back to my house and we can call the repair shop. You can have some tea and cookies, <u>too</u>.

M: <u>Wow</u>, thanks, Sarah. That would be great. Let me just call my mom and let her know. I'll be home a little bit later.

评析：听力文本中的 "too" 和 "wow" 是两个非常明显的话语标记语，其中 "too" 表明对话中的这位男士非常乐意帮助对方修理电脑，而且还邀请她前去喝茶、吃曲奇饼，显示这位男士非常有诚意；而 "wow" 则表示对话中的女士十分惊喜。通过这两个话语标记语，一个乐于助人、一个心怀感激的形象刻画了出来。

再试举一例说明。

例48：以下文本节选自为2021年12月的六级听力原题中的第二个对话。

M：...As a historian, any historical novel you write would have a lot of credibility.

W：I felt too constrained working with the past, like what I wrote needed to be fact as opposed to fiction, but writing about the future gave me more freedom to imagine, to invent.

评析：听力中男士认为历史小说必须要有可信度，而女士认为写历史小说会束缚自我，因为历史小说必须以事实为依据，而后她话锋一转，通过一个话语标记语"but"瞬时就带听者进入她感兴趣的科幻小说，因为写有关未来的小说赋予她更多自由，给她无限遐想的空间。通过话语标记语转折词，听话者可以明显感受到这位女作家对撰写历史小说没有兴趣，但对科幻小说却情有独钟，可谓对比鲜明。

从上面的分析不难看出，话语标记语在听力理解中非常普遍，它具有丰富的语用功能，可以缩小听者的认知范围，推测未知信息，了解说话人的意图，是听力理解中非常有效的语用手段。英语教师应该帮助学生充分认识话语标记语在话语构建和听力理解中所发挥出来的重要作用，有的放矢地向学生介绍话语标记语的类别、使用动机及语用功能。同时，还要为学生提供多种多样的包含话语标记语的听力材料供学生练习，让学生在真实语境中切实体会话语标记语丰富的语用功能，并以此为手段提升英语听力能力。

（4）强化话题知识

话题知识是储存在人脑中的内容图式，某种程度上决定着听话者对听力材料理解的准确性和效率，决定着听者对听力材料理解的广度和深度。话题的理解和表达与英语词语的把握有密切的关系。

例49：笔者所任教班级的大多数同学会选择在第二学年出国任教，一部分同学在国外工作期间通过考雅思进入外国高校深造。因此，笔者就在讲应试技巧时以雅思听力为例，鼓励学生一定要在平时多留意话题知识。雅思考试一般有四段听力材料，要求应试者在30分钟内完成，其中两个听力与生活有关，两个与教育相关。以job类话题为例，通常会以二人对话的形式给出：开头是某人在newspaper（报纸），在兼职处的notice board（公示板）上，再或者是introduced by somebody（他人介绍），而留意到某份工作。然后两人在一问一答中会继续给出关于该工作的具体position（岗位）。由于话题一般是学生兼职类的工作，因此没有什么技术的活、付出辛勤劳动的工作比较常见。常见的包括 labor worker（劳务工）、dish washer（洗碗工）、kitchen hand（厨房帮工）或 cleaner（清洁工）等。在校园里会有一些性价比好一点的工作，工作环境更好，报酬也稍高，如 library assistant（图书馆助手）、office assistant（办公室勤杂人员）、book keeping（记账）及 shop assistant（店员）等。还有一些在家庭中的工作，在国外也比较普遍，如 babysitter（照看小孩）、domestic worker（佣人）或 house keeping（家务保洁）等。接着两人还会聊到应聘者的一些 qualifications（资格）：可能会需要有一定的 education background（教育背景）；有一定的 work experience（工作经验），或曾经 take full-time courses（上过全日制课程）；或是拥有相关资质 certificate（资格证书）、diploma（毕业证）、bachelor's degree（学士学位）或 master's degree（硕士学位）等。随后两人便会开始描述该职位的主要职责。若是 shop assistant（店员）便要求 do window dressing（布置橱窗），以及 watch for shoplifter（注意是否有扒手）；book keeper 一般要求 keep an eye on stock（留意是否有存货）；office assistant 的职责就包括 answers the phone（接听电话），finish the document（记录文件）等。最后还会聊到 payment method（工资支付方式）和 benefit（福利）的问题。国外的薪水制度和中国的月薪制有些不同，不仅有 salary（月薪），还有 wages（周薪），pay（时薪）之分。并且，相关的工作还会提到其不同的福利。小到 offer free meals（提供免费餐饮），15-minute coffee break（15分钟的咖啡歇），tips（小费），extra pay（额外报酬）等；到数额较大的 insurance（保险）、bonus（奖金）、allowance（津贴）和 pension（养老保险）等。

评析：围绕学生关心的高利害考试（high-stakes test）讲解话题知识对听力的重要性，可以成功吸引学生的注意力。梳理话题、归纳语块，使话题知识和语块学习关联起来，有利于学生在听力理解过程中，激活相关背景信息，这样可以有效提高其加工语音信息的效率，并有助于深化其对话题的理解和领悟，从而使英语词汇的学习更有内驱力。

4.4.2 丰富学生图式

卡雷尔和艾思特霍德把人脑中储存的图式分为两种：内容图式和形式图式，它们都会影响英语听力理解。

4.4.2.1 丰富学生内容图式

内容图式指的是与话题有关的社会文化知识和有关背景，它是听力对话、语篇理解的主要依据，背景知识是内容图式的重要组成部分。学生在理解新信息之前，都要将新信息与已知的背景知识联系起来。图式理论认为，学习者的背景知识是影响理解的重要因素，新知识的理解和吸收建立在已有知识的基础上。语言意义的理解在很大程度上依赖于对文化传统、风俗习惯的理解。许多语言专家认为，文化背景知识是听力理解所必须具备的外部世界知识，它在一些情况下对听力理解的影响大于语言知识。背景知识的缺乏会导致听力理解障碍，在理解意义时不仅要用语言本身的知识，还要运用客观世界及社会文化背景知识。在听力教学中，若能充分运用学生已有的背景知识，对听力内容加以推测、判断，就比较容易理解听力材料。

例 50：以 2020 年上半年英语六级听力为例。

A: Tonight, we have a very special guest. Mrs. Anna Sanchez is a three-time Olympic champion and author of the new book *To the Edge*. Mrs. Sanchez, thank you for joining us.

B: Thank you for having me.

...

Question: what is this woman's book mainly about?

评析：回答这个问题，学生必须利用他们掌握的综合语言知识，在了解这段对话的基础上，确定他们谈论的话题——奥运冠军 Anna Sanchez 撰写的新书 *To the Edge*，此后学生就可以从自己大脑中提取有关奥运会（Olympic Games）和新书（*To the Edge*）出版相关的内容图式对信号进行加工，应该可以推测出奥运冠军在书中分享如何挑战极限，不断拼搏，最后取得成功的故事，从而锁定正确答案。

例 51：

That greasy spoon is a couple of miles away, give or take.

Question: what are they talking about?

评析：例句中的单词都比较常用，似乎没有什么难度。但要准确理解这句话的含义，两个短语"greasy spoon"和"give or take"是难点。"greasy spoon"是"小餐馆"，要准确理解它的含义，就必须具备有关背景知识。"greasy"指"油腻的、油污的"，"spoon"意为"勺子、汤勺"，因此"greasy spoon"从字面上有两层意思，一是指油腻的汤勺，说明食物的油水重；二是指油污的、肮脏的勺子，说明食物的卫生条件很差，不干净。"greasy spoon"后来就用来指代那些价格低的、卫生条件不太好的低档饭店，这种小吃店一般以供应油炸速食食品为主，油腻不说，卫生条件也相对较差。"give or take"是口语交流中比较常见的一个短语，表示"不确定、大约"，一般用在句尾。由此看来，了解了"greasy spoon"的相关背景知识，有助于帮助我们理解整句话的意义。

例 52：

W：Hey, this is Sheryl, I see puffs of smoke spiral out of the house.

M：We will take care of this as soon as we can. Thanks for calling.

Question：What is the man do？

评析： 从以上对话中不难看出关键词"smoke"，双方在电话中谈论的话题是烟（smoke），学生就会从大脑中提取储存的有关火灾的信息，并对救火的内容图式进行语言信号处理。加上接电话的男士接着说"take care of this as soon as we can"，学生可以推测他的职业应该是消防员（fireman）。

从以上例子不难看出，内容图式在听力理解中发挥着重要作用。因此，教师一定要在日常英语教学过程中利用各种机会来丰富学生的内容图式。

4.4.2.2　丰富学生的形式图式

刘明、刘勇（2007）认为，大学英语听力教学实践中，大多数英语老师都实施的是"自下而上"的听力教学模式，即逐词逐句分析听力材料。毋庸置疑，这种听力教学模式费时费力效果差，并且容易导致学生养成不良听力习惯——过度关注英语单词和短语，提取到的信息碎片化，不利于学生从语篇角度把握听力材料，更谈不上理解中心思想及作者的观点。

黄建玲（2004）认为，运用图式理论来指导听力教学可以有效帮助学生改掉这些不良习惯。在听力教学中教师可以引导学生利用背景知识来分析处理输入信息，运用"自上而下"的听力策略如：质疑主题，阐释材料，联想预测等，即使语言能力较弱的学生，也可以运用背景知识在听力测试中取得较为理想的成绩。

而运用形式图式指导听力教学可以达到事半功倍的效果。根据 Carrell（1984）的定义，形式图式是学习者有关不同类型阅读材料的体裁（genre）和篇章结构（structure）等方面的知识。

秦春荣（2021）认为，听力文本的大意主要被作者安排在组成文本篇章结构的主题句上。在大学英语听力教学中如果能激活学生头脑中已有的形式图式，并进行及时的形式图式填补和听力训练后的形式图式巩固，就可以帮学生迅速理会作者的意图，把握听力语篇的中心，从而摒弃听力偏重语言和内容，轻语篇整体理解的缺陷，达到提高学生英语听力的目的。

对中国学生而言，他们在母语的学习中已经基本掌握叙述文、说明文、议论文的结构体裁，只是在短文听力练习过程中大多数学生并没有意识到利用形式图式能够帮助其更好地理解听力材料，因而把过多的精力放在语言点和具体的语篇内容细节上。所以，我们可以在听力教学中不断训练，以此激活学生去明确文章体裁的背景知识，巩固记叙文、说明文、议论文等各种文体的框架结构和发展脉络，从而让学生有意识地在听力理解过程中熟练地运用形式图式。

在接触听力材料前，学习者头脑中已经具备各种体裁的知识，如记叙文、说明文、议论文、传记、新闻等不同体裁的结构特点。例如，记叙文的特点是通过生动形象的事件来反映生活、来表达作者的思想感情，文章的中心思想蕴含在具体材料中，通过对人、事、物的生动描写来表现。以总分总结构的记叙文为例，在开头总起全文、为下文做铺垫、形成悬念、奠定感情基调、照应题目，在文中承上启下、照应上文、引起下文，结尾时总结全文或照应主题或首尾呼应、深化主题、升华主题。

如果学生掌握形式图式，就能够按照不同的体裁和结构特点去把握听力理解材料。在听力理解过程中，听者除了可以借助内容图式，还可以借助形式图式的积极作用。文章结构和体裁可能千变万化，但在英语学习中，研究生阶段的同学们已经储备了相对稳定扎实的关于体裁和结构的该知识。英语教师可以在听力教学过程中根据形式图式理论，建立基于形式图式理论的听力模式，改变学生在理解过程中把注意力只放在字词上面，不能从语篇的角度理解听音内容的不良习惯，从而提高听力教学效果。

以大学英语四六级听力中的新闻听力训练为例。教师可以带领学生讨论英语新闻特点，以此激活新闻语料的形式图式，然后通过真实听力语料让学生总结报刊文章的结构特点从而填补形式图式，最后设置听力练习检测学生是否掌握新闻体裁及要素，以实现对形式图式的巩固。通过这三个步骤，学生会更加熟悉英语新闻的结构特点：由标题、导语和正文三个部分组成；新闻报道导语基本包含六大新闻要素：who，what，when，where，why 和 how；英语新闻正文遵循"倒金字塔"形式，即最重要的信息都放在开头部分，如图 4-1 所示。

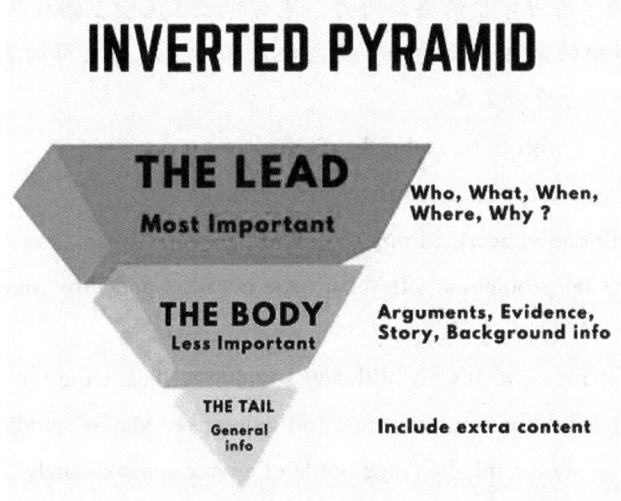

图 4-1 "倒金字塔"形式

缺乏形式图式很可能会造成听力理解短路。在提取、加工输入信息过程中，人们把输入的信息与大脑已知信息或概念匹配起来，如果缺乏跨文化背景知识，听话者就无法建构有效认知图式，无法达到理解的目的。研究发现，听话者往往需要借助内容图式及形式图式，对听力语篇传达的信息做出处理。如果听者缺乏相关图式，就无法准确理解听力语篇。

总之，听力理解过程实际上就是读者根据自己大脑中的语言、文化及体裁知识等对新的听力信息进行提取、理解和接收的过程。内容图式和形式图式在听力理中互为补充，同等重要。不同类型文本材料的体裁和篇章结构等方面的知识在听力文本中不可忽视，利用形式图式指导听力教学能有效解决传统英语听力教学"重字词，轻语篇"的弊端。基于形式图式理论的英语听力模式是现有的英语听力教学模式的有益补充。在听力教学中，形式图式的积极作用为传统英语听力教学提供了新的思路和方法，为学生突破听力水平的提高瓶颈提供了可能性。

4.4.3 通过活动激活学生图式

通过讨论我们得知，图式可以分为两种，分别是内容图式和形式图式。其中，前者是指相关的背景知识和社会文化常识；后者指的是不同类型语篇材料的体裁（genre）和篇章结构（structure）等方面的知识。

例53：为了练习学生的英语听力，笔者曾经在课堂上播放2018年6月的六级听力材料中的第2个长对话，其主要内容为下属为上司购买葡萄酒作为生日礼物。以下为听力文本：

M：Hello, I wish to buy a bottle of wine.

W：Hi, yes. What kind of wine would you like?

M：I don't know. Sorry, I don't know much about wine.

W：That's no problem at all. What's the occasion and how much would you like to spend?

M：It's for my boss. It's his birthday. I know he likes wine but I don't know what type. I also did not want anything too expensive. Maybe middle range. How much would you say is a middle range bottle of a wine approximately?

W：Well, it varies greatly. Our lowest prices are around 60 dollars a bottle but those are table wines. They are not very special and I would not suggest them as a gift. On the other hand, our most expensive bottles are over a hundred and fifty dollars. If you are looking for something priced in the middle, I would say anything between 30 dollars and 60 dollars would make a decent gift. How does that sound?

M：um, yeah. I guess something in the vicinity of 30 or 40 would be good. Which type would you recommend?

W：I would say the safest option is always a red wine. They are generally more popular than whites and can usually be paired with food more easily. Our specialty here are Italian wines and these tend to be fruity with medium acidity. This one here is a Chianti which is perhaps Italy's most famous type of red wine. Alternatively, you may wish to try and surprise your boss with something less common such as this Zinfandel. The grapes are originally native to Croatia, but this winery is in eastern Italy. And it has more spicy and peppery flavor. So, to summarize, the Chianti is more classical and Zinfandel more exciting. Both are similarly priced, and just under 40 dollars.

M：I'll go with Chianti then, thanks.

根据对话内容，笔者为学生设计了以下3个问题，通过头脑风暴来激活学生内容图式。

How much do you think people may spend on a gift in the U.S.?

What is proper as a gift for the boss, white wine or red wine? Why?

Do you know any special Italian wine ?

评析：三个问题设计意图明显，同学们的讨论非常热烈。从礼物的价位到选择，再到葡萄酒的品牌，大家都各抒己见。甚至有同学还通过手机上网查询欧洲葡萄酒的资料，鼓励学生进行内容映射，记录下跟送礼相关、葡萄酒档次高低相关的单词或词语，在激活学生图式的同时加深对听力材料背景知识的印象。该活动充分调动了学生的积极性，加深了学生对相关背景知识的了解，激活了学生有关葡萄酒的知识和话题图式，帮助学生有效完成听力任务，有利于学生养成良好的听力习惯和策略，激发他们练习英语听力的兴趣，采取切实措施提升英语听力。

例54：教师也可以引导学生利用听力考题来激活内容图式。

以雅思考试官方组织机构英国文化委员会（British Council）官网 http：//takeielts.britishcouncil.org/take－ielts/prepare/free－ielts－practice－tests/listening/section－1 的雅思听力题为例。

Questions：transport from Bayswater：

1. Express train leaves at（1）….

2. Nearest station is（2）….

3. Number 706 bus goes to（3）….

4. Number（4）... bus goes to station.

5. Earlier bus leaves at（5）….

transport	Cash fare	Card fare
Bus	（6）$….	$1.50
Train（peak）	$10	$10
Train（off peak） －before 5pm or after（7）...pm	$10	（8）$...
（9）...ferry	$4.5	$3.55
Tourist ferry（10）...	$35	—
Tourist ferry（whole day）	$65	—

评析： 从该道听力考题不难看出，它主要考查的是学生对国外交通的熟悉程度，包括快速火车（fast train）、汽车（bus）、轮渡（ferry）等各种交通工具及支付方式（cash fare 现金支付和 card fare 公交卡支付）等内容。正式进入听力考试前，一般会给考生一定的时间读题，完整做完每一部分听力后考生都有30秒的时间来检查答案，考生可以高效利用有限的宝贵时间核对自己的答案，并阅读下一道考题。考生在该过程中可以激活自己的图式，并根据自己掌握的内容图式大胆对考题进行推测，从而有效缓解听力焦虑，提升听力理解水平。

4.4.4 鼓励学生多看原版英文电影

王利娟（2010）认为，经典英文电影是西方社会文化生活的缩影，内容丰富，题材多样，语言真实鲜活，文化内涵深厚，同时它融词汇、语音、图像和文化等多种信息传播媒介于一体，为学生创造了真实的语言环境。事实上，听力作为英语教学中四项基本技能之一在我国长期得不到应有的重视，一直以来都是中国学生学习英语的"拦路虎"，也是大学生四、六级考试中最容易失分的考题。突破这个难关有助于其他单项技能水平的提升，同时也有利于英语交际能力的培养。

原版电影可以激发学生学习外语的兴趣。英文电影是综合艺术的产物，情节连贯，内容丰富，感染力强，能成功吸引学生注意力并保持其高涨的学习热情，在愉悦的状态下欣赏艺术，完成教学目的，使整个学习过程显得轻松而自然。

英文电影在情景中实现教学目标。在英语教学过程中使用声音和图像相结合的英文电影，本身就是对人类社会文化生活的再现与模拟加工，它能提供地道的语料供学生进行模仿，加上电影情节情感感染力较强，嬉笑怒骂、悲欢离合等场景对观看者的视觉和心理有极大冲击力，能让学生感受到真正的外语氛围，从而有效地增加其对语言现象的准确理解和记忆。

英文电影是东西方文化之间的桥梁。原版电影是跨文化沟通的桥梁，因为它孕育着丰富的多元文化背景，从多角度多方面展示了英语民族人们的生活习俗、价值观念、思维方式、民俗民情、社会状况和地理地貌等。学生通过文情并茂的英文电影可以学到地道的语言表达，又能了解英语世界的风俗民情和人生百态，还能提高艺术欣赏水平，提高自身素质。

如何在听力教学实践中有效使用英文电影呢？

选择教学影片时一定要谨慎。看原版英文电影有三个标准：语言量是否大，内容是否接近生活，发音是否清晰地道。例如，笔者在播放影片时一般会选择那些积极向上、乐观进取、富含正能量的电影。如《侏罗纪公园》《肖申克的救赎》《泰坦尼克号》《危情时速》《阿甘正传》《乱世佳人》《美女与野兽》《音乐之声》《罗马假日》等。

课前准备。英语听力课时极其有限，只能在课堂上看一遍，而真正看懂看透一部影片至少需要看两至三遍，可以将第一遍和第三遍安排在课外进行。因此，学生应在课前，完成电影第一遍的通看。除此之外，放映影片前，老师应把准备播放影片中涉及的历史文化背景知识、主要人物、重点生词、佳句难句、表达方式、重点俚语等提前印发给学生，为正式播放电影做好充分的铺垫。

课堂精看。可以分为两个步骤：分段播放和重点播放。看电影绝不是看热闹，而是学其"门道"，体会其"味道"。课堂上播放电影时，应该在不打断影片本身情节的前提下，分段播放影片。为配合影片的分段，老师应对重点内容、精彩之处进行一定的讲解或点评，并提出启发性的问题供学生讨论，加深学生对影片的理解。鼓励学生在收看影片时运用听力技巧，利用语境、情景猜测语意；抓住关键词等。其次是重点重放。老师可在上课前剪辑出影片中难度适宜、有代表性的精彩对话或经典情节，重复播放，以促使学生更好地体会语音、语调、连读在实际运用中的重要性，并鼓励学生进行模仿。

课后巩固。提倡学生在课后复看影片。可鼓励学生学唱影片主题曲、截取片段进行配音、选取情节小组课前展示等。这样的教学安排，不仅使学生由被动收看转化为主动收看，而且给老师和学生都提供了很大的发挥空间。

选择电影时，最好挑选那些没有字幕的影片播放。如果配有字幕，学生极有可能会依赖画面和字幕来理解故事情节，而不是在练习自己的听力理解能力，学生追求的是视觉等感官刺激，而没有得到语言的练习，有本末倒置之嫌。因此，如果要提高学生英语听力，一定要抛开字幕。在看一部新电影之前，最好不要看剧本，看不懂也要硬着头皮继续看，至少能对情节有所了解，强迫自己从电影中获取英语语感，提升英语听力技能。

总之，利用英文电影提升学生听力水平，具有诸多优势。语言与情景结合，视觉刺激和听觉刺激结合，营造出外语环境，从而开拓学生英美文化视野、激发学习兴趣、降低情感过滤、主动建构听力学习,有效促进学生听力水平的提升。

4.4.5 运用合理的记录手段

人们的短时记忆容量极其有限,学生在做英语听力练习时,教师适时培养学生运用合理的记录手段帮助记忆。但听力播放时间极为有限,不可能在短暂的时间内记下所有的要点,所以要学会有针对性地进行记录。

此外,学会使用记录符号也非常重要。如记录人名、地名、国家名时,可以使用首字母或缩写;把英语数字快速转化为阿拉伯数字;使用符号表示相关词汇。例如:

中国 CN

美国 USA

法国 FR

日本 JP

英国 UK

three thousand two hundred and thirsty 3253

大于 >

小于 <

小于或等于 ≤

大于或等于 ≥

等于 =

不等于 ≠

约等于 ≈

遗憾、悲哀 :(

高兴 :(

错误、否、不、否定 ×

正确、对、好、肯定 √

不同意 N

同意 Y

上升、增加 ↑

下降、减少 ↓

强、好 +

更强、更好 ++

因为 ∵

所以 ∴

优秀 ★

属于 ∈

胜利 V

问题、疑问 ?

和、与 &

结论是 =>

促进、发展 ↗

速记的特点是记录的速度快、效率高，它可以快速记录听力素材要点。速记在听力理解中，可以为学生赢得宝贵的时间，有利于学生快速抓取有用信息，提高听力理解的效率和效果。但值得注意的是，速记没有固定的公式可循，要鼓励学生自创各种符号，只要本人能够识别即可。

4.4.6　合理分配注意力

可以尝试影子跟读法，也叫跟读训练，它指的是用英语几乎同步地跟读原语的讲话，它可以训练听说同步技巧和注意力的分配。在跟读的时候需要耳、口、脑并用，因而也有助于注意力的培养。这样才能做到心无旁骛，全神贯注。

此外，在进行听力训练时，一定要把注意力放在抓取重点信息上。那么，哪些信息才是重点呢？

对话和短文理解的首尾处。开头一般是开门见山，切入主题，而结尾一般是归纳并重申观点。

表对比、转折、让步等词汇。听到表此类词汇时一定要集中注意力。例如，not as...as..., comparatively, despite, however, but, yet, even if, unexpectedly, surprisingly, in contrast, otherwise, thought, although 等，一般情况下这些词之后是听力理解的重点信息。

因果关系处。例如，以下词汇或短语：because, so, since, considering, consequently, accordingly, hence, therefore, result in, cause, lead to, on the basis of, for the reason that 等。

举例、列举处。例如，for instance, for example, such as, take...for example, in the first place, secondly, last but not least 等。

强调处。例如，in particular, especially, most importantly 等。

建议意见处。如 how about, what about, why not ..., why don't you ..., had better, recommend, advise 等。

特殊疑问句，即 W+H 等疑问词，如 who, what, where, why, when, how 等。

总结、重复处。例如，to sum up, in a nutshell, in brief, in short, all in all, in a word, in the end, in fact, as a matter of fact 等。

数字处。听力理解信息提取过程中，一定要注意记录数字，听清单位，这里往往是重点信息。

总之，极其有限的时间内听懂每个字词，非但不现实，而且也不可能，听懂关键字，提取关键信息即可。注意力的培养绝不是一朝一夕就能完成的事情，需要进行针对性训练，通过时间的积淀和经验的累积，才能逐渐上手。

第 5 章

英语口语教学

随着世界经济的不断发展和全球化步伐不断迈向新台阶，中国与世界其他国家的交流日趋频繁。英语作为国际性语言，在全球的使用越来越广泛，是否能够使用英语口语流畅地交流逐渐成为衡量人才的重要标准。流利的英语口语可以丰富学生的知识结构，提升个人能力，方便与外国人进行交流，同时可以锻炼思维能力、记忆力和反应能力，有效提升跨文化交际能力，在工作上也能获得更多的晋升机会。笔者所教授的研究生专业为汉语国际教育，他们一般都会申请参加语合中心组织的赴外汉语志愿者项目，80% 的学生都会被派往海外教授汉语，传播中国文化。在授课过程中，大部分学生都要使用英语作为媒介开展教学。归国志愿者普遍反映，英语交际有障碍的同学往往在当地生活、工作中由于语言不通而困难重重，而那些英语交际能力强的同学则往往能够如鱼得水，如虎添翼，中国文字和文化传播得心应手。但由于受教育体制和语言环境等因素的影响，我国大多数硕士研究生英语口头表达能力不强，英语跨文化交际能力较弱，导致我国高校培养的人才在国际人才市场上缺乏竞争力，这成为我国经济走出去、文化对外传播的一大障碍。

19 世纪 80 年代，菲埃托（Wilhelm Vietor）所著的《语言教学必须改革》正式出版，标志着外语教学改革正式开始。菲埃托认为，口语在外语教学中的重要性是第一位的。后来在 1900 年前后英国出现了语法翻译法（grammar translation）对应的直接法（direct method），强调在外语课堂上要全程使用目标语。而后出现的听说法、交际法也都重视口语教学。经过多年的理论探索和实践发展，人们逐渐对口语教学形成了一定的共识。

口语，是人们借助语音系统和身势语表达情感、传递信息的语言。它以声音为载体，依靠语音语调表情达意。说话者想实现交际的目的，让别人理解他们要表达的信息,那么和听话者之间必须共同使用一种语言系统,否则语言无法被理解,交际无法完成。

外语教学界的共识是"听""说"不分家。"听"指的是"听力",是输入(input),而说则指的是"口语",是输出(output)。Swain(1995)曾经指出,输出有三个功能,即输出有助于输出者察觉到自己想说与能说之间存在的差距;输出有助于输出者检验自己对语言的假设是否正确;输出有助于输出者本人内化语言知识。

教育部、国家语言文字工作委员会于2018年发布了《中国英语能力等级量表》,其中表4中对英语口头表达能力有明确规定。其中最高级别——九级的衡量标准是"能就广泛的话题进行深入的口头交流,并根据听众的社会文化背景,自如、有效地调整表达内容和方式。能就专业领域中复杂、有争议的问题进行有效的交流和磋商"。其中,"广泛、深入、自如、有效"是关键词。由此可见,英语口语交流能力的培养已经受到教育部的高度关注,得到国家的高度重视。

口语输出在跨文化交际中至关重要。但是,我国中小学乃至大学对英语口语教学不够重视,缺乏评价标准,甚至在很多省份的高利害考试中根本没有测试口语能力这一项。考试是根指挥棒,它是检查与评定学生学业成绩和教师教学效果的重要手段,考试方式是否科学,很大程度上决定教育教学的质量和水平。它无时无刻不在引领教学,激励教学,而缺乏英语口语测试的英语水平评估手段无疑是不健全的、不科学的。我国在实际外语教学过程中由于硬件设施不健全、班级规模大、领导不重视、考评不科学、升学压力大等主客观原因导致学生的口语教学长期得不到重视,口语交流水平低下的状况长期得不到扭转。

另外,学生在学习口语时也会遭遇不少瓶颈,如主动词汇少,英语单词发音不准确,意群停顿混乱,逻辑不清晰,语法基础差等不一而足。因此,加强英语口语教学,研究如何有效实施口语教学势在必行。

5.1 语音与英语口语教学

语言是信息的载体和交流的工具,学习英语的目标是能够在不同场合恰如其分地运用这门语言与他人进行交流。语言是社会交际的工具,是音义结合的词汇和语法体系，语法是语言的组织规律，它赋予语言结构系统，语音是语义的物质媒介，信息传递的重要路径就是通过语音系统表达出来的，所以语音是语言赖以存在的基础。

语音是语言系统的重要组成部分。学好语音是提高口语和听力的前提，是实现学习外语的终极目标——交际的重要途径。

现举例说明。

例55： 网络上曾经流行一名海岸警卫队队员和另外一艘船只发出求救信号船员的对话。无线电信号传来一个求救声，"Mayday! Mayday! Hello, can you hear us? Can you hear us? We are sinking. We are sinking."（救命！救命！你好！你能听到我们的声音吗？你能听到我们的声音吗？我们在下沉！我们在下沉！）。海岸警卫队队员反问道，"What are you thinking about?" "What are you thinking about?"（你在想什么？你在想什么？）

评析： 出现这样的交流障碍，主要原因是这名海岸警卫队队员的发音和听力有误，把"sink"当成了"think"，最终导致交际失败。

笔者在过去20年的英语教学实践中，经常遇到发音有问题的学生，由于发音不过关而状况百出，让人啼笑皆非。例如，有同学混淆长元音和短元音，把"beach"（沙滩）读成"bitch"（母狗，英语中不雅词汇），把"sheet"（床单）读成"shit"（大便，英语中不雅词汇），把"haunt"（出没）读成"hunt"（打猎）；有同学单元音和双元音不分，把"bike"（自行车）读成"back"（背部），把"snack"（零食）读成"snake"（蛇）。我们可以试想如果在餐厅里点餐时混淆了snack和snake，将会是多么荒诞不经。由此可见，良好的英语发音是跨文化交际的首要条件。

语音教学是英语教学至关重要的部分。掌握好语音既可以增强学生学习英语的信心，又能提高学生学习英语的积极性。如果学生能够学好英语语音，就可以准确地拼读单词、朗读课文、听懂语音材料、与外国人无障碍交流、在求学求职道路上越走越宽。

《中国英语能力等级量表》的表11中对语音系统和书写形式知识运用能力有明确规定。最高级别为第九级，其衡量标准为"能恰当运用语音、语调和节奏变化以增强学术交流或职场交际的表达效果"；第八级标准为"能得体地使用各种重音、调型、音高和音量表达语义和态度，能领会通过语音、语调、节奏等手段所表达的幽默、夸张、讽刺等"。由此不难看出，能恰当、得体地运用语音进行表达是衡量英语学习的重要标准，也是英语学习者必须掌握的重要能力。

从我国目前英语语音教学实践来看，通过几十年中小学一线英语教师的努力，在发音教学方面取得了很大的进步，大学生在英语发音方面也取得了长足发展。但考虑到在大部分省份，学生的发音好坏并不在中考、高考的测评范围，加上高校生源遍布全国各地，学生口音千差万别，所以学生在"恰当运用语音、语调和节奏"方面还有很大提升空间。

5.1.1 汉英语调和节奏的差异对英语口语的影响

5.1.1.1 汉英两种语音在语调方面的差异对英语口语的影响

语言往往都会有音高的变化。音高变化和句子融合在一起便成为语调，而有些则与词结合成为声调，因此也就有了语调语言和声调语言之分。汉语属于声调语言，英语则属于语调语言，英语语调不属于单个词汇，而属于话语。汉语的声调有区别词义的作用，与英语单词中的重音相似，属于词的一部分。一个音节如果没有声调往往无法确定它的意思，而英语语调存在于句子之中，决定句子的音高起伏，这样的变化并不影响单词的意义表达。

桂灿昆（1985）认为，英语为母语者对英语中各种语调模式含义非常敏感，反应非常强烈，所以跟其交谈时要注意语句的重音和节奏，还要尤其注意语调。如果在交流中某些词的发音不准确，只要不影响意义，对方可能会谅解，在他们看来这可能是一种外国口音（foreign accent）。但如果用错了语调，即使是无心无意，对方可能也会觉得这是有意而为之，从而引起不必要的误会，甚至反感。不难看出语调在准确表达说话者意思时的重要性。

众所周知，汉语有四个声调，分别是"阴平""阳平""上声""去声"，即 ā、á、ǎ、à。每个音节有声调以外，句子也有起伏。在杨红旗和朱明慧（2006）看来，汉语有四种调型：平直调，语势平直舒缓，没有显著变化，用于不带感情色彩的说明和陈述，也可表示庄严、冷淡的感情色彩；高升调，前低后高，语势上升，表示号召、鼓励、愤怒、紧张等感情；曲折调，句调有高低曲折的变化，常用于反语、讽刺或表示怀疑、惊讶、厌恶等情绪；低降调，前高后低，语势渐降，表示自信、祝愿、赞扬等情感。

在英语中，语调主要有四种功能，即表意功能、语法功能、重音功能和语句功能，其中表意功能最为突出。表意功能是指说话者通过语调来表达特定的感情和态度。英语中的语调分类方法相对比较复杂，但外语教学界比较公认的分法是将英语语调分为降调、升调、降升调和升降调。降调是指音高从高调降到低调的语调。它用于陈述句，表肯定、强调或命令；也可于祈使句和感叹句，表强烈感情；还可用于特殊问句或对别人陈述内容所做反应的一般疑问句。升调是指音高从低调升到高调的语调，用在陈述句中通常有安慰对方的感情色彩，有着不肯定、不完整、有保留、请求或从属的意义。降升调往往含有犹豫、怀疑、不耐烦等情绪，而升降调则含有玩笑、责备或讽刺等意思。

例56：以杜甫的《春夜喜雨》为例说明汉语的语调。

好雨知时节，当春乃发生。	仄仄平平仄	平平仄仄平
随风潜入夜，润物细无声。	平平平仄仄	仄仄仄平平
野径云俱黑，江船火独明。	仄仄平平仄	平平仄仄平
晓看红湿处，花重锦官城。	平平平仄仄	仄仄仄平平

评析：这首诗是典型的"仄起平收式"。诗节内平仄交替，排列工整，声音有高有低、有轻有重，诗句读起来朗朗上口，意蕴无穷。

与汉语有所不同，英语属于语调语言，没有一成不变的词调。单词中音节升调高低并不区分词义，要服从全句语调。例如"acquaintance"这个单词不管念成平调还是升调，升降调还是降调，词义不会改变，仍然是"熟人"。

英语语句中，人们通常会根据自己想要表达的意思而使用不同的语调。例如，"That is your cousin." 正常情况下句末使用降调，表示肯定，说明对那个人是你的cousin（堂表兄弟姐妹）没有异议；但如果在句末使用升调，则表示疑问，相当于一般疑问句"Is that your cousin？" 再如，"This is a map of Europe and that is a map of Asia."在"Europe"后应该使用降升调，表示话语尚未完成，而"Asia"后使用降调，表示话已讲完。

从上面举例不难看出，语调可以帮助人们表情达意，而且具有一定的语法功能。一般情况下，陈述句使用降调，一般疑问句使用升调。但陈述句如若使用了升调，就扮演了一般疑问句的角色。

我国学生基本了解英语语调概念，但受母语负迁移影响，在朗读、口语训练中往往不能熟练运用。例如，在该用降调的场合误用升调，在该用升调的场合误用降调。究其原因，主要是由于汉语语调一般出现在句子最后一个音节上，而英语语调虽然通常也出现在句子的最后一个重读音节上，但升降变化却分布在整个句子各个音节上。如果在口语交流中误用语调，可能会引起对方的误解，也有可能使说话人显得粗鲁无礼而导致交际的失败。

现举例说明。

例 57：笔者的一位学生在国外实习执教过程中旅游。途中因找不到目的地而向当地人问路，该学生使用了问路常用语"Excuse me"，由于紧张却使用了降升调，结果引起对方不悦，当地人瞪了学生一眼，没有回答就迅速离开。而笔者的学生则百思不得其解，悻悻而归。

评析：使用"Excuse me"问路本无可厚非，是国外常见的问路用语，相当于汉语的"对不起，打扰一下"，但如果使用了降升调，传达的则是自己的焦躁、不耐烦、质疑等意思，听话者通过语调感知问路人的情绪和态度，这也许就是对方对问路者冷淡的原因。

5.1.1.2 汉英两种语音在节奏方面的差异对英语口语学习的影响

节奏，指语句中各音节的轻重、长短和快慢，包括重音、时间和连读。

英语是一种"按重音计时的语言"（stress-timed language），计算节拍的时间以重音为主，句子中的重读音节比非重读音节发音时间长。

汉语则以音节数为准，每个音节发音长短一致。汉语因此被称为"按音节计时的语言"（syllable-timed language）。

英语中，轻重音节搭配非常重要。例如，"I am Chinese."这句话中人称代词"I"和 be 动词"am"一般会轻读，而"Chinese"作为实词一般重读。英语中，多音节词或语句，一般以重音为骨干，轻音为陪衬，轻重音交叉出现。倘若一句话中出现了不止一个重音，各个重音之间的时间间隔一般要保持一致。朗读或交际过程中，为了取得这样的效果，需要采取各种方法调整。在句子中的重音数量一样的情况下，如果轻音节较少，就可以放慢语速；如果轻音节较多，就必须加快语速。

例 58：

He stopped the bus and called the police.

He did not hesitate to pull over and called the police.

注：画线部分是实词，需要重读。

评析：第一句话有 9 个音节，第二句话有 15 个音节，但两句话都有四个需要重读的单词。按照英语语音规则，说以上这两句话的时间应该基本相等，每一句话各占四拍。第一句话正常语速的情况下，第二句话就需要稍稍加快语速。

受到母语负迁移的影响，英语节奏是我国学生的瓶颈问题。学生在讲英语时不管节奏长短,每个词都给予同样的比重,都要清清楚楚说出来,他们不习惯连读,因而在朗读或者与外国人交流时显得相当生硬,有时甚至会被认为没有礼貌。

例59:

有位跨国公司的中国员工使用蹩脚的英语向美方老板提出更换岗位的要求。他一字一句、不紧不慢地说:"Can-you-possibly-consider-changing-my-job-next-year?"没有想到,该要求遭到老板拒绝。

评析: 按常理来说,员工要求老板更换工作岗位是司空见惯的事情,但是在提要求的时候没有轻重读之分,而且每个音节长短一样,词与词之间也不连贯,在老板看来,非常生硬、极不礼貌。那么,这位员工的要求是否可以得到满足就可想而知了。

此外,重读、弱读、连读也都是中国学生容易出现问题的地方,鉴于上文已做探讨,在此不再赘述。现举例说明英语句子重音的重要作用。

例60: 普拉特(1999)曾举例说明重音在英语口语交际中发挥的重要作用。公司职员Tony在和老板Mr. Janson交流时,把重音错误地放在了you上,而导致老板对他的强烈不满。

Tony: I have asked Lee for the printouts, Mr. Janson, but he'd given them to you.

Mr. Janson (looking displeased): And what's wrong with that? To whom should he have given them?

评析: 讲英语时,如果讲话人并非有意对比却使用逻辑重音,英语代词一般不能重读。但在这个例子中,打印好的材料本来就是要交给老板Mr. Janson的,但是Tony却误把句子重音放在了人称代词you上。这样,他实际上在暗示打印的材料应该交给别人,而不是给Mr. Janson,这样看来老板生气也就在情理之中了。由此可见,英语重音使用不当,会造成严重误解,甚至会让听话人感到愤怒、羞辱,交际目的非但没有达到,而且还有可能引起冲突。因此,英语中重音的作用绝对不容小觑。

总之,汉语和英语在语调和节奏上存在明显的差异。在教学过程中,我们要给予充分重视,努力消除汉语负迁移。

5.1.2 附加疑问句的语调与英语口语教学

附加疑问句也叫反义疑问句，通常由两部分构成，在英语口语中使用比较普遍，但对于中国学生来说，语调错误频出。附加疑问句前一部分是陈述句，后一部分是一个简短问句。通常情况下，如果前部分是肯定形式，则后部分用否定形式；如果前一部分使用的是否定形式，后一部分则要使用肯定形式。

在英语口语中，附加疑问句与不同的语调搭配可以表示不同含义：

寻求核实信息：如果讲话者相信前一部分的内容，一般会在句末使用降调，书面语中不使用问号。如：

— Your mom likes driving, doesn't she.

— Yes, she likes driving.

— You don't like sour cream, do you.

— No, I don't.

表示惊讶、疑问：说话人在说出句子的前一部分时向听话人提出请求，句末使用降调，书面语中不使用问号。例如：

You will fly back for our wedding anniversary, won't you.

You will learn English with me, won't you.

表示挑战：讲话者在前一部分想挑战听话者，此时句末使用降调，书面语中不用问号。例如：

You broke my vase, didn't you.

You cussed at my son, didn't you.

总之，在实施附加疑问句教学时，除了引导学生了解其构成规则、结构外，还要尤其注意附加疑问句和不同语调搭配具有不同的语用功能。否则，容易在实际交际过程中引起误解并产生不必要的麻烦，而引起误解，非但无法顺利实现交际目的，甚至还可能产生严重冲突。

5.1.3 利用格言、名言、谚语进行英语语音教学

毋庸置疑，发音准确是英语口语交流的基础，它直接关系到交际是否能够达到预定目的。许多学生都对语音的重要性有所了解，而且还相当重视，但不可否认，学习和练习语音是一件单调乏味的事情。在练习语音时，采取反复练习的方式非常重要，但由于这种方式枯燥、机械会让很多学生中途放

弃。所以，如何在语音练习过程中增加趣味性，调动学生积极性和主动性，一定程度上决定着语音教学的成败。

在长期的教学实践中，笔者发现很多学生对名人名言、格言、谚语等语言素材情有独钟。它们精辟深邃、阐发真理、启迪智慧、端正思想、催人奋进，是最生动、最精练的语言素材，往往富有生活气息、饶有风趣、富含哲理，加上讲究修辞，读来富有韵律感，是学生喜闻乐见的形式，能有效地提升语音学习效率。

例61：笔者在教授口语过程中，发现部分同学的双元音发音不够饱满，往往和单元音混淆，于是就让学生反复练习以下名言：The secret of change is to focus all your energy, not on fighting the old, but on building on the new.

——Socrates

这是古希腊著名哲学家苏格拉底的名言，中文译文为"做出改变的秘诀不是多么努力地和过去做斗争，而是全力以赴地去打造全新的自己。"

评析：在使用名人名言教学过程中，学生从该句中练习了三个双元音 /ei//əʊ//ai/，三个元音分别在 change, focus, fighting 中出现。同时也能从该句蕴含的深刻哲理中汲取正能量，从而在以后的学习、生活中向前看，奋发图强，积极向上，语言课堂上实现了育人的目的。

在选取名人名言、格言、谚语等语言素材时，一定要注意：

切忌生词过多；内容一定要积极向上，富有教育意义；一定要有针对性，能有的放矢地解决学生的发音问题。

根据以上要求，现举例如下：

More haste, less speed.

欲速则不达。（可以练习单元音 /ɔ:/ 和 /i:/）

Time and tide wait for no man.

时不我待。（可以练习辅音 t 和双元音 /ai/ 和 /ei/）

Love me little, love me long.

不求你爱我爱得疯狂，只求你爱我地久天长。（可以练习舌侧音 /l/）

He who laughs last laughs best.

笑到最后笑得最好。（可以练习舌侧音 /l/）

All work and no play makes Jack a dull boy.

只工作不玩耍，再聪明的孩子也变傻。

（可以练习单元音 /ɔ:///ɜ:///æ//ʌ/ 和双元音 /əʊ//ei//ɔɪ/）

5.1.4 通过绕口令练习英语语音

英语中的绕口令（tongue twister）往往包含尾韵或押头韵。如果念得过快则有一定难度。绕口令可以是句子，也可以是一些短小精悍的诗句。由于它们常常是围绕某一个音，因此教师在挑选的时候一定要做到心中有数。

下面举例说明。

例62：笔者在授课过程中发现学生对英语中的3个前元音/i//i：//e/和双元音/ai/把握得不够准确，经过权衡取舍，决定使用以下绕口令：

Peter Piper picked a peck of pickled peppers.

（彼得·派珀挑了一配克被腌制过的香料。）

Did Peter Piper pick a peck of pickled peppers？

（彼得·派珀挑了一配克被腌制过的香料吗？）

If Peter Piper picked a peck of pickled peppers，

（如果彼得·派珀挑了一配克被腌制过的香料，）

Where's the peck of pickled peppers Peter Piper picked？

（彼得·派珀挑的一配克被腌制过的香料哪去了呢？）

在做绕口令练习前，笔者先讲授了文化背景知识。"pepper"指代所有的香料（spices）品种，"peck"（配克）是一个容积单位，"Peter Piper"原本叫"Pierre Poivre"，出生于1719年。他是一位植物学家，但他被人们所熟知的是试图从荷兰贸易者手中获取香料从而在自己的园子中种植这些品种，以平抑香料价格的事情。但让人始料未及的是，香料商人都很聪明，他们把香料都腌制（pickled）了，这样它们就不会再发芽，也就失去了种植的意义，从而他们就可以维持香料的高价。

评析：通过这样的绕口令训练，原本乏味的语音课堂顿时妙趣横生，激发了学生学习英语的积极性。学生不仅掌握了3个单元音和1个双元音，同时了解了语言背后的欧洲历史文化知识，可谓一举两得。

下面再举几例说明。

例63：针对某些同学混淆两个摩擦音/s/和/ʃ/，笔者使用了以下绕口令：

She sells seashells by the seashore. The shells she sells are surely seashells.

（她在海滩上卖贝壳。她卖的一定是贝壳。）

然后引导学生了解该绕口令的文化背景。这个有一百多年历史的绕口令其实讲述的是一位叫玛丽·安宁（Mary Anning）的英国女子的故事。1799

年，安宁出生于英国多塞特的莱姆里吉斯（Lyme Regis），她是一个木匠的大女儿。因为家境贫寒，大人孩子都在海边悬崖上挖化石，出售给前来度假的游客。当时，英国的富人家非常盛行收集各式稀奇古怪化石，陈列在特别的"Curiosity Cupboard"（珍奇展柜）里供客人观赏。安宁10岁的时候就带着弟弟在多塞特的侏罗纪海岸（Jurassic Coast）上寻找、收集化石并对其进行分类。在她11岁的时候，父亲不幸去世，寻找化石售卖成了安宁一家的主要生活来源。通过这样的练习和历史背景介绍，学生在巩固语音的同时更加深了对英国历史文化的了解。

例64：笔者发现部分同学经常把/æ/与/ai/，/əʊ/与/ɒ/混淆，而且双元音发得不够饱满，于是决定使用以下绕口令练习学生发音。

A bloke's back bike brake block broke.

（一个家伙的脚踏车后制动器坏了。）

评析：该绕口令区区7个单词，却可以练习四个英语发音。绕口令中，/æ/出现了1次，/ai/出现了1次，/əʊ/出现了2次，/ɒ/出现了1次。加上整个绕口令押头韵/b/，读来朗朗上口，学生练得不亦乐乎。

例65：笔者发现很多学生对英语中发音/θ/掌握得不够扎实，于是决定使用以下绕口令练习：

I thought a thought,
（我想了一个想法，）
But the thought I thought I thought wasn't the thought I thought I thought,
（但这个我想的想法不是我想象的我想的想法，）
If the thought I thought I thought had been the thought I thought,
（如果我想的想法是我想的想法，）
I wouldn't have thought much.
（我就不会想太多了。）

评析：该绕口令中"thought"是"think"（思考，想象）的过去式和过去分词，同时可以单独做名词讲，意为"想法"。该绕口令运用英语中的一词多义，使用"thought"多达14次，并将其巧妙穿插在四句话中，非常适合学生练习语音。

总之，练习绕口令的主要目的是为了帮助学生实现英语发音准确、吐字流畅、颗粒饱满、圆润集中、字正腔圆的效果。教师要选取那些针对性强的绕口令，借此纠正学生的发音缺点、弱点；另外还要利用和发挥学生的长处，扬长避短。在训练时,教师一定要要求学生按照正确的发音部位并遵循正确的发音规则来练习。绕口令念起来绕口、难发,但它们的确是学好英语发音必不可少的材料。通过绕口令的练习不仅可以加强咬字器官的力度和提高咬字器官的灵活度,同时可以有效地锻炼呼吸控制能力。练习时,最初应特别注意词音质量,要把音发准,劲使稳,做到吐字准确、清晰、圆润。然后由慢到快,逐渐加速,可按音、字、词、句、段五步练习法循序渐进。绕口令切忌一味求快。训练中,教师要引导学生注意结合气息控制练习。开口前要注意放松喉部、气息下沉。运气当中要补气自如,轻松流畅,词音速度由慢到快,要做到慢而不断,快而不乱。最后一定要注意做到内容清楚、感情充沛。

综上所述,绕口令用于语音教学,不仅有训练发音的特殊功能,而且还包含学生感兴趣的历史文化背景知识。通过在语音课堂上融入绕口令练习和相关背景的介绍,有效吸引学生积极参与课堂学习和操练。学生的语音得到了纠正,口语学习顿时变得生动有趣,学习效率大大提高,学生自信心增强。因此,绕口令是非常有效的练习英语发音的重要手段。

同时,为了打好英语发音基础,还可以利用App,例如朗易思听、英语趣配音、英语流利说等,在App上可以模仿英语学习经典教材——《新概念英语》,还可以配音美剧电影,录完后回放一遍,跟原文对比,找出差距。有的App还有人工智能打分,错误的地方还会显示出来,便于纠正。总之,一定要充分利用网络资源开展英语语音学习。

5.2 英语口语教学的实施

一般情况下,我国学生是通过教科书开始正式接触英语的。众所周知,教材上讲授的一般是书面语,多在正式场合使用,相对比较严谨。很多中国学生的口语都存在bookish(书生气)现象,这跟教材的编排、语境的缺乏、班级规模、教学方法、评估手段等主客观因素密切相关。事实上,英语口语与书面语之间存在较大差异。

5.2.1 英语口语与书面语之间的差别

和书面语不同,英语口语表达经常是即兴的,通常是在不可预知的情景下发生的,我们无法提前预料。与此形成鲜明对比的是,书面语是人们经过深思熟虑之后而进行的表达。对内容精心组织，而且语言形式也比较讲究，词汇比口语更加丰富，语法结构更加复杂。通常情况下，书面语逻辑清晰、层次分明、语言精练，而口语则会出现冗余、不够连贯、重复较多等现象。

章振邦（1983）认为，书面语可以依靠标点符号标示语句的停顿，一定程度上解决歧义。但在口语表达上，就相对比较困难。

现举例说明。

例 66：

The old lady who had two sons was heartbroken when she learned that one son was killed in a car wreck.

The old lady, who had two sons, was heartbroken when she learned that one son was killed in a car wreck.

评析：以上两句话英语单词使用数量相等，第一句话为限制性定语从句，第二句话则是非限制性定语从句。如果是书面阅读，我们可以看到第二句中的两个逗号，可以断定它是非限制性定语从句。但如果单纯依靠听力，区分难度大大增加，我们只能根据说话人的节奏、语调来判断。

此外，口语交流中人们通常可以借助非言语交际手段（non-verbal communication skills）来辅助自己的语言交际。美国加州大学洛杉矶分校的心理学家 Albert Mehrabian（1967）指出，在人们进行语言交流的时候，有55%的信息是通过视觉传达的，如手势、表情、外表、装扮、肢体语言、仪态等；有38%的信息是通过听觉传达，如说话的语调、声音的抑扬顿挫等；剩下只有7%来自纯粹的语言表达。"55/38/7"定律已成为目前最常用的沟通定律。实际交际过程中，非言语交际手段的重要性可见一斑。

5.2.2 研究生英语口语教学方法

1. 选用合适教材 创造性使用教材

教材是英语口语教学的重要组成部分，是组织教学的重要内容和手段，教师应该充分发挥主动性，吃透教材精髓，创造性地使用教材。

众所周知，"哑巴英语"是中国英语教学的痼疾。所谓"哑巴英语"，指的是过于注重书面英语而且忽略口头表达的英语教学方式和这种教学方式下培养的学生的英语能力。中国的英语学习者，特别是非英语专业学生的语言输出难，尤其是口语输出更是难上加难。不论是对从事英语教育的一线老师还是英语学习者而言，解决口语输出问题一定要引起足够关注和重视。

笔者长期教学实践中发现，英语学习者口语输出难主要表现为：首先，学生在口语输出时缺乏自信，态度消极，主动性不高；其次，口语输出的语句不完整、不连贯，低级的语法错误不胜枚举；最后，老师要求学生口语产出时，大部分学生都偏爱于先进行文字输出，也就是说先把老师布置的任务用笔写出来，然后再念给同学们听。

鉴于这种情况在我国高校广泛存在，笔者调查了大学生使用的听说教材，发现其中口语话题与中小学教材重叠过多，缺乏新意，无法激发大学生的兴趣；由于班级规模过大，如笔者所在学校的"大学英语"课程班级一般保持在60～120人，教师无法有效开展口语活动，导致口语操练模式单一，课堂气氛不够活跃；学生的口语输出能力得不到及时反馈，缺乏客观有效的评价体系，学习获得感较低。

教材的话题涵盖面要广，与学生日常生活、学习专业、感兴趣的领域和方向相关。Hutchinson（1987）指出，教学时教师与教材之间是一种合作关系，只有当合作者了解彼此的优缺点并能互补时，这种合作关系方能发挥最佳效果。

口语教材的选取上要以拓宽学生的知识面为主，注重培养学生的跨文化交际技能，同时可以考虑融入专门用途英语（English for Special Purposes，ESP），把英语口语训练和学科知识结合起来。教材内容编排上应该充分考虑高校的地域特征，并与高校所在地的风土人情、文化习俗等息息相关。

同时，任课教师要根据学情对教材进行二次开发，创造性使用教材。对教材的二次开发包括对教学目的和教学内容的二次开发，也就是对教材进行重新优化组合。教学目的二次开发指的是指任课教师通过适当调整教材的教学目标与实际教学情境的差距使目标更具针对性和可实现性，更容易让学生达到教学要求而增加学生的获得感和成就感。教材内容的二次开发则涉及对教材进行适当的加工处理，包括对教材内容的取舍、替换、补充、拓展等调整，以此来提升教学效果。

现举例说明。

例67：笔者任教的高校位于四线城市，拥有一处世界文化遗产和一座国家级博物馆，根据这些地域特征，笔者有针对性地在教材中融入强烈的地域特色，以激发学生开口讲英语的积极性。笔者所任教的研究生英语课程设置目的就是为了培养能够胜任汉语及中国文化海外传播任务的专门人才，因此笔者适当调整教学目标，在 culture and communication 章节增加了当地的文字博物馆和象形文字的简单介绍，以培养学生对外汉语传播能力；考虑到笔者的学生来自全国各地，对笔者所在城市的历史文化缺乏足够了解，笔者在使用教材过程中开动脑筋，在 Travel and Tourism 章节中针对教学内容进行取舍，融入当地历史、风俗习惯、饮食文化、著名景点介绍等，由于话题贴近学生生活，激发了他们开头说英语的兴趣，对学生尽快融入当地生活也发挥了积极作用。

2. 改变传统英语课程设置，完善英语课程评价体系

要切实提升研究生英语口语交流能力，必须从"大学英语"课程入手。高等院校要改变传统的"大学英语"课程设置，提升英语口语在整个外语课程中所占比重。英语课程设置是包括听、说、读、写、译的一个综合性的、系统化的教学体系，培养大学生英语口语能力必然要加强英语口语教学。

另外，高校还要完善英语课程的评价体系，当今社会对大学生的英语交际能力要求越来越高，尤其是人才市场上那些口语交流能力强、跨文化交际水平高的高校毕业生供不应求。因此，高校必须从测试内容和评估方法上调整口语测试模式，培养人才市场所急需的高素质外语人才，在非英语专业的英语评价体系中增加口试，明确口语考核的标准和要求，加大口语所占成绩比例，进而激励广大高校学子练习英语口语，从而切实提升大学生英语口语交际能力。

在英语口语的评估方法上，要积极开展形成性评价（formative assessment）。形成性评价也称真实性评价或过程评价，它由著名美国教育心理学家布鲁姆（Bloom）提出，形成性评价是指教师在教学过程中为了获得学生对教学的反馈，以便及时改进教学，而针对学生对所学知识的掌握程度所进行的一种评价。在教学过程中，形成性评价具有多层次、多元化的特征。通过该评价形式，教师可以监控并评价学生的学习状况，同时学生可以通过教师给予的反馈改进自己的学习方法，调控学习过程，调整学习策略等。

由于英语口语输出具有灵活、多变等特性，为了让形成性评价能够在口语教学中发挥出更大的作用，教师可以在课堂上多提问一些开放性的问题（open-ended questions），让学生充分发挥丰富的想象力，提高自由表达力。对那些思维活跃、敢于上台发言的同学要给予积极正面的评价，并通过形成

性评估中反映出来。

具体的英语口语形成性评价方式，可以考虑采取学习效果评价和档案袋评价相结合的方式。

学习效果评价主要包括在课堂上教师对学生的口语产出及时地给予反馈和学生之间的互评。教师评价可以通过观察学生课堂参与程度和活跃程度，总结学生口语产出错误的共性和特性，及时发现学生在前一阶段学习过程中存在的问题，及时调整教学；通过学生互评可以提供机会让学生交流学习策略，互相借鉴，变被动学习为主动学习。

档案袋评价（portfolio）包括学生档案袋和教师档案袋。学生档案袋包括学生的课堂发言录音、课后作业录音及个人日志记载自己的学习经历及个人反思等。与文字不同，英语口语产出稍纵即逝，而有了档案袋记录，学生就可以随时查看自己的学习变化，教师也可以根据学生的录音随时对其开展辅导。学生档案袋不但具有记录功能，而且还有监督、评估功能。教师档案袋主要记录教师的课堂观察情况，对学生的问卷调查、访谈、学生学习情况的总结等。

3. 播放英语原声电影

近些年来，随着通信技术的不断发展及新媒体的出现，英语教学方式朝着多样化方向发展，英语口语教和学的方式也非常灵活，大可不必拘泥于某种教材。笔者发现，原声英语电影在高校英语口语教学中有理论需求与实际需求，深受广大学子欢迎，是促进英语口语教学的、提升学生口语水平的有效手段。可以选择适合学生实际水平的电影，观影完毕后对电影中的某些环节开展讨论，针对比较经典的台词，可以鼓励学生以小组形式进行模仿秀活动，也可以举办配音比赛。同时根据电影内容开展一系列头脑风暴教学活动。例如，根据影片中内容设置单项或多项选择题，根据人物对话设置选词填空，对电影情节重新排序，让学生默写经典台词，安排学生撰写影评等。总之，要通过多种教学方式引导学生在收看电影过程中能够集中注意力，关注影片中语言使用细节，加深对电影内容的理解。在此基础上，有效地提高学生的英语口语水平。

在本书第4章第4节针对如何观看英文原版电影有比较翔实的论证，在此不再赘述。

4. 组织英语演讲 提升口语能力

Krashen（1985）提出了输入假设（input hypothesis）理论。他认为，只有

当习得者接触到"可理解的语言输入"(comprehensible input)时,即略高于学习者现有语言技能水平的第二语言输入,而学习者又能把注意力集中于对意义或对信息的理解而不是对形式的理解时,才能产生习得,这就是 Krashen 著名的"i+1"公式。"i"代表习得者现有的水平,"1"代表略高于习得者现有水平的语言材料。

Krashen 的"输入假设"理论有四个方面的含义。

第一,语言输入假说与"习得"(acquisition)有关而与"学习"(learning)无关。习得是无意识的、隐性的、自然的过程,是获得语言的主要途径;而学习则是自觉地、有目的地获取语言知识,有效获得能用于交流的语言的方式是习得而非学得。

第二,人们获得语言的最佳途径是通过理解比目前语言水平略高的语言输入而完成的,需要借助上下文和非语言信息。

第三,口语流畅性不是直接教出来的,而是在学生理解了输入,建立了语言能力之后自动表现出来的。

第四,不用刻意设计和追求"i+1",只要进行足量的可理解性输入,"i+1"便会自动生成。

Swain(1985)通过对加拿大沉浸式法语教学研究后发现,对母语为英语的学习者全部用法语进行授课,经过 7 年的法语沉浸式教学,学生接受的"可理解输入"非常丰富,在法语听力和阅读能力方面取得了显著的提高,但口头表达和书面语表达水平与母语为法语的人们的正常水平仍然存在较大差距。由此可见,大量的语言输入并不一定会导致高质量的语言输出。Swain 据此认为,这一现象产生的重要原因是学生输出机会过少,对输入仅仅停留在理解层面,没有内化为自己的知识而成为本人内在认知的一部分,以至于无法充分运用及发挥二语能力。Swain 提出,学习者需要借助"可理解性输出"才能促进二语全面发展。Swain 1995 年对输出假设进行了明确的定义。语言输出假设(output hypothesis)理论,不仅是对输入假设的补充,而且它纠正了输入假设的不足之处,是二语习得理论走向成熟的标志,随即被广泛应用于语言学习实践中。

在我国,英语口语的学习一直存在"重输入轻输出"的问题,而英语课前演讲活动作为语言输出,则是对语言输出假设理论的践行,对学生口语能力的提升发挥着重要作用。英语演讲可以让学生有更多展示自己、完善自我的机会。它不仅可以训练演讲学生的英语口语表达能力,培养学生认真思考、严谨表达的习惯，树立自信的人生观，夯实学生的交际能力，而且使聆听者养成良好的"听、写、记"等的能力，养成尊重别人的品格，体验英语学习的乐趣。

在新的学期开始之际，教师可以将学生进行分组。可以按照学生宿舍、家乡属地、兴趣爱好等将学生分成以4~6人的不同小组。组内成员均需全程参与，负责演讲话题选择、演讲资料查询、演讲稿写作、演讲现场分析、演讲最后总结等工作。在不同轮次的演讲过程中，小组成员分别担任不同角色，由此实现综合素质的提升，培养学生的团队合作精神。

英语课前演讲方式有哪些呢？

模仿演讲（simulated speech）。在初始阶段，可以让学生模仿演说。如林肯的哥德斯堡演讲、马丁·路德·金的《我有一个梦》或者美国总统、英国首相的就职演说，抑或是TED演讲等。模仿演讲的主要目的是让学生亲身体会演讲的氛围，学习演讲技巧。

命题演讲（prepared speech）。在学生掌握了英语演讲的基本技巧以后，教师可以适时过渡到命题演讲环节。通过无记名问卷调查的方式确定学生感兴趣的问题，并缩小范围让学生投票决定最终的演讲话题。命题演讲要循序渐进，由易到难，先选择那些学生有话可说的话题，如与学生日常生活、学习密切相关的内容，也可以是课文朗读、诗歌朗诵、英文对话、讲述英语小故事、文化景点介绍、名人名言、谚语、格言等。而后逐渐过渡到较为复杂、抽象的话题。在此阶段，学生在精准用词、立场态度、神态语气等演讲技巧方面会有所提升。

即兴演讲（impromptu speech）。通过前期的准备，学生积累了演讲技能，掌握了相关演讲技巧，可以进入即兴演讲环节。教师在选题过程中，可以选择那些相对尖锐、具有挑战性的题目，让学生能够有充分的空间自由发挥。在此阶段，教师应对学生演讲词的使用效果、临场反应能力、非言语交流技能等方面着重进行培养。

总之，课前英语演讲的开展一定要根据实际校情、学情来安排，且不可简单地搞一刀切。不要拘泥于某种形式，不要局限于某些内容，给予学生自主选择的机会。课前演讲绝不是一小部分擅长表现的学生的表演舞台，它是面向教师任课班级的所有学生，旨在提高学生语言组织能力和表达能力而设置的，要给予每一位同学锻炼的机会。

课前演讲该如何反馈评价？

反馈评价是演讲的重要环节。客观的反馈评价，指出演讲者的提升空间和努力方向，同时对听众起到启示作用。英语演讲评价标准一般有以下方面：演讲主题，具体包括演讲主题是否鲜明、内容是否充实，是否抓住核心问题、能否激发听众热情、是否有交流互动；演讲语言，具体包括吐字发音，词汇是否精准，口头表达是否流畅等；演讲仪态，主要包括演讲者的仪表、神态、肢体语言等；临场发挥，包括演讲者的逻辑思维、临场应变能力等。

现举例说明。

例68：笔者教授的学生为汉语国际教育专业学位硕士研究生，一共分为3个班级，每个班30～32人。笔者将全班同学分为个6小组，每组4～6人。随后根据学生的专业属性、英语课程大纲、实习去向等因素，与学生一起确定了演讲主题，包括中华优秀传统文化、风俗习惯、旅游景点、汉字解析或实习国文化等内容，每节课有1个小组进行课前演讲，每次展示10分钟，3周为一个轮次。演讲过后是最后的评价环节，有教师对小组的总体评价，也有其他小组对演讲小组的评价，更有组内成员互评。通过多维评价，参与演讲的小组找到自己的短板，在下一步的学习中能够有的放矢，继续完善。

评析：笔者根据具体学情制定了将班级分为若干小组，学生在整个演讲过程中以小组形式呈现，通过团队协作，凝聚智慧，选取话题，查询资料，制作PPT，推敲用词，不断打磨，共同展示，不仅提升了英语口语水平，而且增强了团队合作精神，通过多维评价，学生查找不足，找到继续前进的方向和动力。整个演讲过程中，学生是主体，是核心，他们积极配合，互相打气，群策群力，提升了英语综合应用能力，特别是口语交流能力，同时在演讲技巧、人际交往方面也取得了长足的进步。

课前演讲环节可以根据专业差别、学情不同、兴趣点差异等因素适时做出调整。例如，传媒专业出身的同学可以为电影配音，音乐专业出身的学生可以演唱英文歌曲，美术专业出身的学生可以使用英语介绍世界名画，表演专业出身的学生可以进行短剧展演，体育专业出身的学生可以用英语教大家武术或打太极拳，理工科学生可以运用自己专业常识教大家生活小妙招等。总之，课前展示环节一定要给予学生选择余地和自由发挥空间。

5. 利用辩论开展英语口语教学

英语口语教学，是学生通过语言输入获得信息，在原有知识及语言技能基础上对接收到的内容和语言进行加工、重组，并赋予新的内容，然后输出,完成教学整个交际过程。英语口语教学的首要目标是培养学生的语言交际能力。为了实现这一目标,采取的教学手段至关重要。从国内高校口语教学实践来看,一些教师采用的是与大学生思想脱节的机械性训练,要求学生去模仿一些机械、刻板、与现实生活严重脱节的句型或场景会话,甚至去背诵课文中的个别片段,最终导致学生丧失学习英语的积极性和主动性,英语课堂上只是为了应付老师才开口讲英语。相关研究表明,只有学生在有交际意图时才会开口说话,学生口语能力只有在将自己的思想转换成语言的情况下才得以呈现出来。因此,要提高学生的英语口语交际能力,必须激发他们的交流意图与说话动机,使其愿意开口讲话,并运用英语表达自己的所思所想。

在英语课程中引入辩论式教学就是一种非常可行的做法。所谓辩论式英语教学,是指在英语教学实施过程中,以学生为中心,以发散性思维和批判性思维为重要特征,围绕特定的论题各抒己见,辩驳问难,相互学习,通过辩论获取知识的一种教学方式。辩论式教学经过实践证明是切实可行的,古希腊哲学家——柏拉图就是辩论式教学的典范。在我国古代,孔子和孟子都曾运用辩论式教学法。

将辩论作为一种教学手段和学习方法引入英语课堂,可以在培养学生主观能动性,调动学生说英语的积极性。在英语口语教学中,适时组织辩论式教学能够锻炼学生口头表达能力,让学生的注意力保持高度集中,在浓厚的语言学习氛围中完成学习任务。文秋芳(1999)认为,将辩论引入英语课堂可以在四个方面贯彻"最大限度":让学生直接参与课堂活动时间达到最大限度、让学生直接参与课堂活动覆盖面达到最大限度、让学生交际真实性达到最大限度、让学生相互学习之机会达到最大限度。总之,辩论式英语教学可以有效提升学生的语言理解和口语输出能力,提高以交际能力为核心的语言综合素养。

辩论式英语口语教学作为丰富课堂组织活动的手段,使课堂口语教学的目标任务化、真实化,突出学生的主体地位,激发学生英语学习的兴趣和积极性,挖掘学生潜能,提高学习者自我效能感,培养学生综合运用英语的能力,构建高效口语课堂。与此同时,辩论式英语口语教学还促进了学生与学生、教师与学生之间的互动,把教师与学生的单向交流转变为学生与学生、教师与学生之间的多向交流,实现了主动性学习。辩论式教学在大学英语口语课堂中有着较高的实用价值,它并不是把辩论和英语教学简单叠加起来,而是辩论服务于英语口语教学，从而顺利实现教学目标的手段。

辩论式英语教学一般分为四个步骤：课前准备，课堂辩论，点评，反馈。

学生在准备辩词的过程中，要在教师的指导下收集、整理相关资料，选取支持本方观点的论据，要和站在同一阵线的同学通力合作，从不同角度阐述自己的观点。在这个过程中，学生不仅可以增长见识，强化记忆，还可以拓宽知识面，为下一步的英语辩论打下坚实基础。

辩论过程中，教师要鼓励学生大胆张口，运用创造性思维和批判性思维，多角度全方位进行辩论，可以根据学生的具体表现做好记录。非英语专业学生学习英语口语有两大障碍，分别是信心不足和缺乏兴趣。运用英语辩论可以创设一种支持性的学习环境，帮助学生增强开口说英语的信心。在准备和辩论过程中，学生始终处于一种积极、参与、合作的状态，这种互助协作的学习方式，会让呆板、拘束的英语课堂练起口语来更为放松，也会大大提高学生讲英语的兴趣，从而敢于开口说英语。英语辩论让学生置身于由各种日常生活题材组成的真实语言环境，学生在这一情境中，互动交流，通过个人发言、自由辩论、总结陈词等多种方式，更好地操练英语口语，真正在活动中建立英语思维，主动用英语表达，最终掌握英语口语表达技能。英语辩论不仅是个人能力的展示，同时培养了团队精神。在辩论中，每名队友彼此之间都必须相互配合、相互支持。在紧急情况下必须高度默契，不能有丝毫的埋怨，而是应该想尽办法寻找办法去弥补，队友之间同心协力，最后才能实现共同的目标。

在点评环节，教师要多给予鼓励和表扬，肯定学生的前期准备工作和辩论中的积极表现，运用多种鼓励性的评价方式保护学生的自尊心、自信心等。同时，要适当指出学生下一步提升的空间，便于学生确定未来的努力方向并对自己有一个准确的评价。教师可以侧重点评学生的词汇使用准确度、语法合理度、语言表达清晰度、语言的连贯度和衔接度、逻辑思维能力、批判性思维能力等。

反馈环节是学生自我总结、促进提高的有效路径。英语辩论课结束后，可以要求学生撰写书面报告，及时总结经验，找出不足，将语言的口头表达能力转化为书面表达能力，这样可以锻炼学生的综合语言运用能力，而且也提高了其书面归纳能力和写作能力。

在推进英语辩论教学的过程中，应以辩论为主要形式，充分利用学生互动性和综合性，在辩题选择上做到精益求精，辩论方式上让学生畅所欲言，给学生机会让其深度探讨、质询申辩,在实践锻炼中将英语的各项能力整合发展。同时,教师一定要结合互联网等信息获取平台,将更丰富的课堂、课外知识融入主体教学环节,在开阔学生视野的同时,促使学生辩证性地看待问题,从而促进其综合素养的提升。

在学生进行英语辩论过程当中,不仅可以为他们提供了较好的运用英语进行口语表达的机会,而且还可以有效地展示学生的辩论风采和语言综合能力。同时,在这个过程当中,学生的多向性思维可以得到有效的锻炼和发挥,这与当前所提出的英语学科的核心素养要求一致。

通过组织英语辩论教学,可以将有限的课堂口语训练和无限的课外活动紧密结合起来,形成持续不断的英语语言输入和输出的环境,促进学生养成用英语思维的习惯,从而最终实现其语言能力向口头交际能力的转化,对英语口语教学起到积极的促进作用。

6. 搭建口语交际支架 有效实施复述策略

支架式教学(scaffolding instruction),来源于苏联心理学家维果斯基提出的"最邻近发展区"(Zone of Proximal Development)理论。该理论以学生为中心,它的目标是培养学生的问题解决能力和自主学习能力。而其中的"脚手架"(scaffolding)一词是维果斯基借用建筑业中使用的"脚手架"(scaffolding)把概念形象化。该教学法按照学生的"最邻近发展区"创立,将学习过程具体化、细致化,事先要把复杂的学习任务进行分解,以便于把学习者的理解逐步引向深入,逐渐为学生提供适当的、小步伐的线索或提示(支架),让学生通过这些支架一步一步向上攀爬,逐渐发现和解决学习中的问题,掌握所要学习的知识,提高问题解决能力,最终成长为独立的学习者。

学习英语口语,不能只靠学生死记硬背,需要有一定的灵活性。复述是一种再创作性学习,一种创造性的综合思维训练形式,它能有效地将观察、理解、分析和口语表达统一起来,可以在英语课堂上推广使用。

复述究竟有哪些好处呢?

复述可以有效提高学生的语言理解能力,学习者必须要整体把握文本或音频,分析结构,理解大意及细节,学生不仅可以锻炼口语表达能力,还可以加深对文本的理解,从而提高阅读理解水平。

复述可以增强学习者的语体敏感度。学习者必须对复述文本或听力材料中的语言进行分析、解码、编码,最终抽象出语言规律,即人们通常所说的"语感"(ear for language)。不管是教材里的课文,还是听力理解中的材料,往往都是正式语体,学生复述时需要转化为口语体,再用非正式的语言形式把主要内容表达出来。转述过程中,会涉及长句变短句、复杂变简单、被动变主动、正式语体变为非正式语体等语言学习策略,有利于培养学生对不同语体的敏感度,同时增强学生的口语语体敏感度。

复述可以培养学生发散性思维。复述并不要求死记硬背,而是鼓励学生去粗取精、由表及里,再融入自己的一部分想象或联想,对文本材料进行加工处理、归纳概括,融入自己的一些看法。学生将自己置身于自创的语言情境中,真实地流露自己的情感,表达自己的看法,这种训练有利于培养学生的发散性思维。

宋迎(2014)认为,学生在复述过程中,可以列出关键词、理顺逻辑语义关系、巧用释义(paraphrase)、转换语体、借助思维导图等方法帮其完成任务。同时,教师要适时搭建各种脚手架,切实培养学生的口语交际能力。

搭建情景支架。利用多媒体等设备或借助 VR 教室,搭建本节内容的"脚手架",让学生快速进入情境之中。笔者经过大量调查后发现,英语口语教材多为话题式编排,如何成功地吸引到学生注意力,巧妙地引入本次课的话题,是英语教师必须掌握的重要技能。教师要在课前掌握学生现有的英语口语水平,并要分析学生水平与要学习内容之间的差异,从而顺利找到学生的最近发展区。可根据学生感兴趣的话题,创设处于学生最近发展区的问题情境。如今的高校教室,一般都配有多媒体设备,这就是引入话题的一项有效手段。多媒体集图像、文字和声音为一体,因此在教学过程中可以提供语言使用和交际的具体场景。另外,多媒体可以将枯燥或静态的书本知识以一种立体化、饶有兴趣的方式呈现给学生,让学生在喜闻乐见的方式中进入课堂。我们试想,教师如果直接把本节课的话题告诉学生,然后要求其回答相关句型表达,学生的答案不可避免地会出现单一化现象,或有想法想表达但无从开口。如果通过多媒体手段,播放与内容相关、难易适中的情境短片或动画,会更高效地集中学生的注意力,更有效地调动其学习积极性和主动性,并且在情景片段中获得思考的灵感。

搭建活动支架。主要在完成听力理解或阅读任务后开展。笔者曾在课堂上以某自媒体平台约稿为由,要求学生在听完某段材料后对内容进行归纳、总结,并录音频发至班级微信群或 QQ 群;要学生设计"发朋友圈"活动,用 5~10 句话把阅读材料的中心概括出来,然后以语音形式发微信朋友圈;讲完课文后，笔者要求学生进行情景再现，把故事情节以小组形式演绎出来；或者让学生扮演播音员，把整篇文章的大意通过英语播报出来。

搭建评价支架。在有限的课堂时间内，无法做到人人轮流当众参与活动复述，可以考虑让学生制作小视频，或者加以简单音效录成音频，上传到抖音、快手、B 站等，以点赞数和评论量作为一个考核依据，计入形成性评估。

以上三种支架在具体教学中可以交叉使用，具体需要根据授课内容和交际需求确定。总之，教师要精准把握英语口语交际目标，精心设计教学支架，落实交际要素，以阅读、倾听、表达、交流为契机，培养学生张口能力，拓展学生思维，增强学生自信心，实现英语口语素养的提升。

"温故而知新"是孔子教育中的重要指导思想。口语复述策略通过输入信息的再加工，从被动接受到主动探究，从阅读或听力输入到口语输出目的语，巩固了综合语言知识，激发了学生的想象力，锻炼了学习者的思辨技能，提升了学生的语体敏感度，提高了学生逻辑表达能力，提升了英语口语技能。

7. 使用 Seminar 教学法

Seminar 可以翻译为"研讨会"或"讲习会"。现代意义上的 Seminar 教学法来源于德国，当时主要目的是创造自由的学术氛围。18 世纪后期，Seminar 教学法经历跨越式革新，即导师让学生围绕特定问题或论题，课前准备口头或书面发言稿，课堂上对此展开讨论。进入 19 世纪之后，Seminar 教学法逐渐推广而成为较为通用的模式：学生根据导师指定的问题或论题初步研究，准备发言稿，而后向同学初步展示并发表个人看法，最后根据其他人的意见撰写完成报告并在班上发言，与导师和同学们讨论、交流。这一阶段的 Seminar 教学法已经具备研究性的特点。到了 19 世纪末，耶鲁、哈佛等知名大学对 Seminar 加以改进，融入教授知识环节。随后，Seminar 教学法在欧美国家使用越来越广泛，适用范围从大学本科到研究生阶段的整个高等教育体系，该教学法的价值受到各国高等教育的青睐。

Seminar 教学法是一种研讨式的教学模式，它以学生为主体，充分挖掘课程参与者（教师和学生）的学理潜能，最大限度地开展认知互动，而且还可以培养学生的独立思考能力、分析和解决问题的能力、批判性思维能力和发散思维能力，从而深化对课堂教学内容的认识，实现最佳授课效果。

将 Seminar 教学法引入英语口语课堂是一种比较新颖的做法。它究竟有哪些优势呢？

发挥教师引导作用，保证学生主体地位。教师从传统英语口语课堂中的知识传授者和活动监督者转变为讨论课中的引导者。教师讲授时间大为缩减，但其要做的工作却更多。例如，讨论题目的设计，课前准备，讨论过程的驾驭，总结评价等，讨论课成功与否和英语教师的专业素养密切相关。与此同时，学生也要投入更多的时间和精力，例如主题资料的搜集、整理及相关的英文表达方式，问题的分析、推导、总结，陈述要点的抓取，有价值问题的提出等。

Seminar打破传统的思维定式，以现代教学理念为指导，有一套逻辑缜密的流程，将传统的二元互动格局转化为多元互动。教师和学生都要在课前精心准备，课堂上师生及生生间的交流互动，学生对讨论主题的有关知识概念、相关英语表达以及思维模式都会得到一定程度的提升。学生在英语口语表达上受益匪浅，而且还可以有效提高学生开口说英语的主观能动性，锻炼学生的探索能力、信息加工能力、团队合作能力、逻辑思维能力，培养学生对不同观点和意见的包容度。

Seminar教学法的一般程序是：

教师下达任务→学生收集资料→教师简单介绍→主讲学生报告→学生讨论交流→教师点评→课后写作→课堂评价。

例69：笔者使用的教材是复旦大学出版社出版的《研究生英语视听说教程》，每个单元都有一个主题，而且题材相对比较新颖，有基础语言知识，也有交流技巧，加上丰富的文化信息，同时每一个单元都有一个Discussion环节，为Seminar教学法的实施提供了必要条件。以Unit 6 Culture and Communication中的Discussion部分的讨论话题Do you think Internet will connect us or isolate us？（你认为因特网是连接了世界还是隔离了世界？）为例。整个Seminar走下来，程序如下：

课前准备：教师选择好话题，将学生分好组，每组选出组长，学生查阅资料，做好陈述准备。

课堂讨论：根据分好的小组开展组内讨论，每位组员使用英语陈述观点，组长记录小组观点然后整理出提纲。

课堂陈述：在完成分组讨论后，组长代表自己小组向全班同学做陈述。在此过程中，教师和听众都要做好发言记录。

课堂辩论：所有小组陈述完毕，学生可以选择对小组的发言进行评价，也可以对有分歧的地方进行辩论,学生在此过程中各抒己见,允许产生新的讨论内容,但教师要把握方向,确保学生的讨论不会偏离方向。

教师点评:在学生陈述、评价、辩论结束后,教师进行归纳总结,对学生的英语表达能力、分析能力、思辨能力等进行评价。

课后写作:课堂环节结束后,学生根据Seminar教学中的观点和课堂上汲取的营养,撰写主题作文,可以融入自己新的想法,学生上交作业,教师评阅。

形成性评价:根据学生在课堂的表现以及作文进行综合评价,评定成绩。

评析:Seminar教学模式,调动了学生参与课堂的积极性和主动性,培养了学生批判性思维能力。课前的资料收集,锤炼了学生检索信息和阅读的能力;然后把中文信息转换为英文,锻炼了学生的超语(translanguaging)能力;课堂陈述、评论、辩论则培养了学生的英语口语表达能力、逻辑思维能力、思辨能力、团队合作精神;随后的写作则给予学生反思、归纳、总结的机会,提升了学生的写作水平。整个Seminar教学过程中,语言输入—语言输出—语言输入—语言输出,输入和输出交叉进行,调动了学生开口讲英语的积极性,而且为学生输出语言不断创设机会,充分贯彻了以学生为中心的教育理念,提升了学生综合语言素养,是对英语口语教学有意地尝试和探索,对于深化英语课程教学改革,培养复合型语言人才具有一定的参考价值和意义。

8. 充分利用网络资源

近些年来,随着计算机网络和多媒体技术的迅猛发展,英语学习突破了时空局限,打破了缺乏真实语言环境的制约,借助网络资源与技术,使网络自主学习、网络合作学习、网络教学成为可能。

网络自主学习是学生借助英语学习App,根据自己的水平、兴趣、爱好等因素自主选择适合自己的学习内容、学习进度、学习策略和方法的个性化学习方式。网络合作学习是指通过网络媒体,如QQ群、微信群、钉钉、Zoom等平台,学生在教师引导下组建小组,完成一个或多个学习任务的学习模式。同一个小组成员可以使用英语进行视频讨论或语音留言,大家可以互相监督,互相学习,共同进步。网络教学则是借助网络教学平台进行直播,通过面对面的交流互动、点对点的答疑和纠错来学习英语的方式。例如,通过 Zoom 平台开展网络教学可以将学生分组（breakout room），实现分组讨论、合作学习。

借助网络，我们得以共享生动有趣的英语教学资源，可以超越时空，可以随时进行学习交流。同时，英语口语的教学特性使互联网成为教学中的有效媒介。网络教学在英语口语学习中具有广泛的用途，英语口语相关的网络资源数不胜数，网络资源为优化英语口语教学带来了福音。

使用网络资源开展英语口语教学具有诸多优点。

第一，互联网为英语口语的教学提供了鲜活、真实的语言。第二，学生通过互联网获得了体验英语的真实环境。第三，通过网络学习可以培养学生独立学习能力，通过即时在线互动，可以有效提高学生课堂参与度。第四，互联网有利于个性化教学的开展。第五，互联网使英语学习可以帮助大学生跨越时空障碍。

我国数字化网络教学资源非常丰富，可供高校学生选择的免费教学资源不胜枚举。如学习通、学堂在线、TED 视频、每日英语听力、喜马拉雅等 App 里都有大量的口语音频和视频资料供大学生自学使用。再如，B 站有很多外国人原创的英语口语学习视频，如 accurate English，Bob the Canadian，English with Lucy，BBC learning English，My English doctor，Rachel's English，go natural English，interactive English，Englishclass101.com 等免费口语学习资源和贴近生活的脱口秀节目 Ellen show，Jimmy Kimmel 等。学生可以尝试关注、收藏、学习。

充分利用网络资源鼓励学生自主学习英语口语，并不是对其听之任之、放任不管。教师可以通过即时软件监控学生练习口语进度。例如，可以使用建立钉钉班级群，然后通过其系统自带的打卡功能，统计学生的口语学习进度，对学生的自主学习能力进行监控，这有利于更全面更公正地对学生进行评价，促进学生的学习。在网络环境下，更合理地利用现代化教学资源，营造良好的学习氛围，从而促进学生更加重视对英语口语的学习，激发学生学习英语口语的积极性和主动性，提高学生对英语口语的兴趣，最终切实提升学生英语口语的表达水平和交流能力。

除此以外，还要鼓励学生多在现实生活中参加英语输出活动，如去参加英语角活动。如果没有现成的英语角可去，那么可以自己和志同道合的同学自创英语角，如以班级或宿舍为单位组建英语角，可以每天固定一个时间用英语讲述当天发生在身边的事情，也可以用英语故事接龙，与外国人交流，用英语发朋友圈等，逐渐养成英语思维的好习惯。

"纸上得来终觉浅，绝知此事要躬行。"提升英语口语的路径千万条，最重要的是一定要亲自实践这一条。

第 6 章

英语阅读教学

《中国英语能力等级量表（2018）》在表 3 中明确了阅读能力的级别，一共分为 9 级。其中，最高级要求是"能读懂语言复杂、跨专业的材料，从多视角综合分析文本内容；能读懂语言复杂、内容深奥的相关专业性材料，对材料进行综合鉴赏和批判性评价"。不难看出，"读懂""分析""鉴赏""评价"是关键词，不但要有从语言中提取关键信息的能力，还要能够欣赏英语语言之美，同时还能以批判性眼光去评价文本。

《大学英语教学大纲》明确指出，大学英语课程的重要教学目标是培养高校学生具备较强的阅读能力，使学生能够以英语为工具，获取专业方面的必要信息。《大学英语教学指南（2020）》详细描述了三个级别对应的阅读理解能力。大学阶段英语阅读能力培养的重要性可见一斑。英语阅读是大学英语教学极其重要的一环，对高利害英语考试成绩的提升和学生整体英语素养的培养具有重要的现实意义。众所周知，阅读融合了基本语言能力和语言交际能力。语言知识的运用是获取所需直接知识的必要手段，运用各种阅读技能进行分析、判断、演绎、推论并延伸信息，最后对文本承载的观点做出评价，这样的教学过程实现了读者和作者之间的交流，达成了交际活动的目标。因此，阅读能力的培养顺应大学英语教学的发展潮流，凸显大学英语阅读教学的重要性和必要性。

笔者任教的高校对研究生阶段英语阅读方面应该掌握的技能是：学生能运用各项阅读技能，如概括中心思想、猜词悟意、预测、推理、推论等，掌握语篇分析能力，能顺利完成文本阅读并正确理解具有难度的一般性题材文章和其他读物，速度达到每分钟 60～70 单词，阅读完成后能够基本理解蕴含的中心思想及大致内容。

在观摩英语阅读教学过程中，我们发现不少一线英语教师对阅读教学的认识和实施或多或少存在一些偏颇，如耗费大量精力和时间来解释阅读文本中的生词、难句、语法，最终导致与学生阅读技能密切相关的教学活动少之又少，阅读教学实际上沦为通过文本学习词汇和语法的课堂。下面我们就英语阅读教学进行探讨，并以具体案例辅助说明。

6.1 英语阅读理解的必要条件

阅读是学习者运用自己掌握的社会文化背景、基本语言知识和阅读技能，对书面文字进行感知、信息提取、加工处理从而理解作者所要表达思想和情感的过程。在高校英语阅读教学过程中，学生对文本内容理解和语篇组织结构把握能力的培养处在首要地位。要理解语篇的内容，学生要了解语篇呈现出来的事实，还要了解蕴含在文本中的深层内涵和作者的写作意图。随后，学生需要在对语篇内容进行分析、综合的基础上做出自己的评价；学生要把握语篇的组织结构，就要了解文体（记叙文、说明文、议论文等）及其基本结构、语篇衔接和连贯手段等。

Grabe（2009）总结了多年来的实验和研究后指出，外语阅读包括6个必要条件：

① 自动识字技能（automatic recognition skills）；
② 词汇与语言结构知识（vocabulary and structure knowledge）；
③ 语篇结构知识（formal discourse structure knowledge）；
④ 社会与文化背景知识（world and culture background knowledge）；
⑤ 综合与评级技能与策略（synthesis and evaluation skills）；
⑥ 监控阅读的元认知知识和技能（metacognitive knowledge and skills monitoring reading）。

左焕琪（2001）认为，要正常开展外语阅读，这6种知识、技能和策略缺一不可，它们既有明确的分工，又不各自为政，而是互相练习和配合的一个整体。

学生要有效地进行英语阅读，必须对以上内容灵活运用，这样才能为精准理解作者通过文本表达的写作意图提供保证。倘若上述条件存在不成熟的地方，学习者就很可能会在对语篇内容的理解层次上出现这样或那样的差异。

下面探讨英语语篇内容理解的层次问题。

6.2 英语阅读理解的层次

阅读理解是读者对作者传递信息所做出的反应，是对文本的解析。但由于个体差异的存在（如学生自身语言水平、对背景知识的掌握、阅读策略和方法）和读物本身涉及的种种因素（如作者并没有使用语篇信号词、衔接手段等揭示语篇的脉络和层次等）等方面的主客观原因，不同读者对相同的阅读材料也会产生不同的理解。

一般说来，学习者的阅读理解水平由浅入深可以分为3个层次：
① 表层文字理解（literal comprehension）；
② 深层含义或推断理解（interpretive/ inferential comprehension）；
③ 评判性/创造性/欣赏性理解（critical/creative/appreciative comprehension）。

6.2.1 表层文字理解

顾名思义，表层文字理解指的是读者对文字表层意思的理解，我们可以称之为浅读。在阅读新闻报道、纪实故事、小说时大多可以采用这种方法。阅读这样的文本，主要目的是开阔眼界，增加阅历，扩大知识面。

下面我们举例说明。

例70：在读到福克斯新闻网（Foxnews）2022年1月26日在其官网的报道"House Speaker Nancy Pelosi ended a months–long rumor that she would retire when she announced her interest in seeking re–election, a choice one CNN pundit is apparently hoping she reconsiders."这句新闻导语时，我们了解到美国众议院议长宣布她要追求连任，因此历时一个月的佩洛西要退休的谣言不攻自破，但美国有线新闻网的专家希望她能对谋求连任的选择重新考虑。通过表层文字的理解，我们就可以了解该记者整篇新闻稿的主要观点。

6.2.2 深层含义或推断理解

深层含义或推断性理解主要指的是读者对作者在语篇中传达的隐含意义的推断。事实上，它以读者对语篇的表层文字理解为基础，而同时作者在尝试换一种表达方式传递信息。例如，作者可能会选择不直截了当地陈述自己的观点，而是通过一定的措辞和行文，以拐弯抹角的方式向读者传达这层含义。为了揣摩出作者的写作意图，读者不仅要运用语言知识，同时还需要运用有关社会背景方面的知识，结合作者的修辞、笔风等特征精心判断、推理，最后得出结论。

在高利害英语考试阅读理解中经常会出现此类考题。在细节基础上要求考生进行推理，揣摩出作者想说而实际未明确说出的话。在题干中经常会出现 infer、imply、suggest、indicate、learn 等词汇，一定不能靠个人主观经验和想象，一定要根据作者的思路来推理。

例71：以下文本来自2007年研究生入学英语考试第三篇阅读的最后一段。

From the middle-class family perspective, much of this, understandably, looks far less like an opportunity to exercise more financial responsibility, and a good deal more like a frightening acceleration of the wholesale shift of financial risk onto their already overburdened shoulders. The financial fallout has begun, and the political fallout may not be far behind.

It can be inferred from the last paragraph that_____.

A. financial risks tend to outweigh political risks.

B. the middle class may face greater political challenges.

C. financial problems may bring about political problems.

D. financial responsibility is an indicator of political status.

评析：第一句虽然是简单句，但修饰成分较多。我们先看句子主要结构，主干是"much of this looks far less like an opportunity and more like a frightening acceleration"不定式结构 "to exercise...responsibility" 作定语修饰 opportunity；介词短语 of the wholesale... 修饰 acceleration，对句子做出这样的剖析后，第一句的大意可以翻译为 "站在中产阶级家庭的角度来看，上述现象根本不像是一个行使更多经济职责的机会，而更像是将经济风险大规模转移到他们已经不堪重负的肩膀上的加速进程。" 从"不像是"到"经济风险大规模转移"再到"不堪重负"的措辞，不难看出作者对上述现象的态度是不以为然。

我们再看第二句，我们可以看到模糊语言（hedging vocabulary）——may 和连接词 and，大致确定前后是因果关系，而且作者的观点并非明确陈述出来，而是隐晦曲折。我们再看最后一句的结构：A开始了，然后B也不远了。

很明显这是细节题中因果关系的一种引申关系。我们可以认为政治的某个东西与经济的某个东西两者间是因果的关系。而根据我们掌握的常识,经济基础决定上层建筑,意思即经济上一旦出现问题,往往就会引起政治动荡不安。我们从中不难推测出作者的消极态度。

根据以上的分析,我们该怎么做这道题呢?首先观察选项,A,B,C三个都有模糊词汇 tend to(倾向于),may(可能),而文中的最后一句话也有一个 may(可能),比较吻合,因此我们基本可以把答案确定在 A、B、C 三个选项中。三个选项都极有规律,全部是主谓宾结构,而且 A 和 C 的主语一致,都是经济和财政问题,B 为中产阶级,三者的宾语也一致,都是政治问题,因此我们以政治问题进行定位,回到最后一段,发现只有最后一句才提到政治问题。因此,我们从一整段的定位缩到一句话。回过头来再看最后一句,发现主干的意思就是"经济的 fallout 开始了,而政治的 fallout 也不远了",fallout 可能是难词,我们可以跳过,不难发现作者在讨论经济与政治的关系,直接把 B 排除,与这句无关。再看 A 和 C,两者的区别是两个动词,outweigh,bring about。再看选项,可以发现 A 和 C 中的两个动词,outweigh 是"超过"的意思,我们可以排除,bring about 意为"带来",是一种因果关系,C 选项大致意思是"经济问题引起政治动荡",与原句大意吻合,因此可以确定答案为 C。

再举一例进行说明。

例 72:笔者曾给任教班级的研究生同学们布置以下阅读理解。

Some people are never right. They never have good luck. They usually do the wrong thing and say the wrong thing. And even if what they say or do is OK, they as a rule say it or do it at the wrong time. So these people always have problems. They often break dishes. They sometimes miss buses and airplanes.

Mr. Neff is different. He is always right. He is never wrong. He usually has good luck. He seldom has problems. He never breaks dishes. He never misses buses or airplanes. Even if he does miss them, it is always the fault of the buses and the airplanes.

Mr. Neff knows almost everything. He doesn't ask questions; he answers questions. He never says "I don't know."

I don't know Mrs. Neff. It seems that not many people know her. I sometimes wonder about her. Is she always right? Or maybe she is always wrong? Does she often break dishes or miss buses?

Does she have problems？ I wonder.

文本后是 4 个选择题。

1. Which of the following do you think gives the most important trait of Mr. Neff's character？

A. He is a very wise man.

B. He plans everything well.

C. He is moral and kindhearted.

D. He is very satisfied with himself.

2. It can be inferred from the description that_____.

A. Mr. Neff is always right.

B. Mr. Neff usually has good luck.

C. Mr. Neff knows almost everything.

D. It is the fault of the buses and airplanes when Mr. Neff misses them.

3. Which of the following do you guess is true of Mrs. Neff？

A. She probably obeys her husband in everything.

B. She probably feels proud to be a help to her husband.

C. She probably quarrels with her husband all the time.

D. She probably feels very happy to have such a successful husband.

4. Which of the following best describes the writers attitude towards Mr. Neff？

A. He finds Mr. Neff hard to understand.

B. He thinks Mr. Neff wonderful.

C. He feels pity for Mr. Neff.

D. He does not like Mr. Neff.

以上语篇，不管文字还是语法都浅显易懂，甚至没有长难句，采取的是平铺直叙的方式描述 Mr. Neff。但如果不认真阅读，仅仅理解了字面意思，从文本表层并不能看出作者的态度。笔者教学实践证明，4 道题全部做错的研究生同学大有人在。

评析：倘若说研究生入学考试英语试题中冷僻的单词和复杂的句式阻碍了广大学生推理能力发挥的话，那上面的语篇理解上出现重大失误则说明学生的推理能力严重不足。从表层文字不难看出，Mr. Neff 一贯正确。一帆风顺的人在实际生活中确实存在，作者似乎不必撰写小文加以褒扬，而倒霉的人也不应该拿出来批评曝光。作者的写作意图到底是什么呢？仅仅关注表面文字似乎无法回答这个问题。但从第四段开始，作者笔锋一转，由 Mr. Neff 过渡到 Mrs. Neff，作者介绍说"我并不认识她，看起来不是很多人都认识她。有时候我倒想了解一下她。她总是无懈可击吗？或者她总是一无是处？她经常打碎盘子或错过公交车吗？"作者并没有去回答这些问题，只是用排山倒海式的排比句问了这一连串的问题。第五段通过一般疑问句结束全文，给人留下无限遐想。如果我们认真品味，从对 Mr. Neff 的陈述句描述中的 "never, usually, always, almost, even if" 等副词和连词到使用两个否定句和四个一般疑问句介绍 Mrs. Neff，并发出疑问。这样我们不难理解作者的意思，即与 Mr. Neff 这样的人一起生活，谁又能受得了呢？除非唯命是从。作者不欣赏 Mr. Neff 这样的人的态度通过问句呈现出来。而这样的心态作者不便明说，但又觉得不吐不快，于是就有了上面的语篇。分析至此，四个阅读理解题的答案不言自明，分别是 D、B、A、D。

高水平的深层含义推断不仅仅要依据文本，而且还要开动脑筋，多多思考。对语篇意义的准确把握，有时要从多个角度对其进行解读。例如，我们在评析英美文学作品时，有时还会联系到作者本人的出生背景、家庭环境、社会习俗等，由此才能准确推断出作者真正的写作意图何在，全面理解作者对作品选题的态度和试图营造出来的氛围。

6.2.3 批判性/创造性/欣赏性理解

批判性理解，指的是对语篇内容和表现形式的优劣、是非、美丑做出鉴别、分析和评价。这是阅读的高级形式，更是深层次的阅读活动，它可以培养学生批判性思维能力，提高对语篇的鉴赏水平，培养学生独立思考的能力。

创造性理解，指的是读者在阅读过程中能够激发自己潜在的创造欲望，形成创造性学习品格。它主要包含以下内容：①稳定的动机。根据阅读内容的特征，摆好创造性阅读的心态，如好奇心、学习兴趣、求知欲等。②明确的目标。读者力求自己在发现问题、分析问题、解决问题的策略和路径上有独到的见解，对阅读内容进行多角度、全方位的探索。③发散性思维。这是创造性理解环节的重中之重，具体方法包括：横向分析、举一反三，多向分析、求同存异，顺向分析、延伸结果，逆向分析、比较评价。④总结消化。

对自身在创造性阅读中的发散探索做出分析和比较，最后对阅读文本做出评价。

欣赏性理解，指的是持欣赏的态度阅读语篇，包含对创作技巧、写作风格、思想内容等方面，重在挖掘语篇中的亮点，从而提升自己审美能力，陶冶情操。基本方法是：反复阅读，再三揣摩，把握语言文字的意义，准确理解语篇的内容；留意生活，训练语感，丰富自我生活，充实人生经验，去真切感受语篇的魅力所在；发挥想象，比较分析，概括语篇内容，合理构想，并与语篇进行对比，检验构想是否合理；阅读语篇，启发思维，拿来借鉴；归纳推断，领悟真谛，把握作者的创作主旨和写作意图。

6.3 语篇标题和主题句

笔者发现，很多一线英语教师在阅读教学过程中往往耗费大量时间和精力去讲解长难句、解释语法特征，而涉及语篇方面的时间投入少之又少。我们可以想象，长此以往，学生在阅读中只见树木不见森林，对文本缺乏整体认知，语言知识碎片化，根本无法长期储存。教师一定要在阅读教学过程中充分强调语篇的整体建构意义，把完整的语言展现给学生，引导学生感知、理解、运用所学语言，最大限度地优化语篇教学，有效提升学生整体阅读水平。

语篇创作之前，作者往往会对标题的确定和整个篇章布局做好通盘考虑，如何通过标题点明自己的主题思想、吸引读者，整个语篇分几个部分来写，每个部分再分几个段落，每个段落包括哪些具体内容等。段落大意一般会通过主题句体现出来，而这些小主题一般都会围绕整个语篇的大主题，按照主次有序展开。教师在教学过程中要充分利用标题和主题句，引导学生准确把握语篇脉络，理解课文主题，带领学生深刻理解文章内涵和作者写作意图。

6.3.1 借助标题 大胆预测

标题的含义较广，不仅可以指代一篇文本的题目，也可以指书名、文章名、剧名等，与其对应的英文单词是"title"，在阅读理解中扮演者极其重要的角色。尹世超（2005）认为，标题的语法形式简化，结构关系淡化，语序灵活化，更能体现出语义的表达。标题，是对文章内容的深度提炼和高度浓缩，一般能统摄全文主旨，实现形义结合。廖建新和汤际芳（2010）认为，标题还具有标引性，能够制造悬念，激发人们无限遐想；对文本的理解也具有指向性。换句话说，标题是语篇简化版的、具有标志性的主题。标题往往会点题，为语篇主旨和真意树立风向，而主题又是话语篇章中最高层次的意义组合。所以，标题一般会片段地、直接地、间接地反映语篇的宏观架构。认知语境下，标题是宏观架构在概念上的体现。语篇标题的结构特征是保留实词，省略虚词，信息突出，结构精简。实词则是人们常说的"文眼"，它是最能揭示主旨、涵盖内容、升华意境的关键性词句，往往奠定文章的感情基调，并确定文章的中心。

一个好的标题可以反映文本的内容概要，读者可以通过标题预测主要内容，激发学生的阅读兴趣。标题与文本的主要内容密切相关，因此教师在授课过程中可以引导学生通过标题，提取主题，理解语篇。在教学原则的指导下，教师要适时引入标题，引导学生对标题进行解读，并对全文脉络及布局进行大胆预测。这种通过标题解读文本的教学法，不仅可以提高学生的阅读分析、总结归纳能力，而且还可以提升其阅读理解能力，增强协作意识，拓展英语思维。根据标题，引导学生通过合理想象，亲临其境，推测文本信息，激发阅读兴趣；紧扣文章标题，教师可以创设问题，激发学生求知欲望和好奇心理；激活认知图式，不断拓展学生思维的广度和深度。

教师要鼓励学生发现问题，培养学生在阅读中思考、在思考中阅读的好习惯，从而培养学生的思维能力。标题往往是文章主旨的体现，开展阅读教学前，教师要充分引导学生利用标题进行假设，让学生从标题中发现问题，并有针对性地提出问题。学生提出疑问之后，教师则要引导学生结合自己生活经验和背景知识积累，对作者写作意图、情感态度、谋篇布局和大致内容等进行预测，并通过阅读去验证，增加课堂的趣味性，培养学生的思维能力和想象力，提升学生参与课堂的积极性和主动性。

教师可以根据文体体裁的差异，恰当运用"5W1H"（who，what，when，where，why，how）解读标题，即根据标题设置问题，启发学生积极思考。对于说明文，针对标题设置疑问时应重点解决 what 和 how；针对记叙文，应该重点解决 who、what、when、where 和 how 的问题；而议论文体的阅读材料重点则是 what、how 和 why 的问题。

现举例说明。

例 73：笔者使用的研究生英语教材的第二单元主题是 Career and Success，其中 Reading 部分有一篇短文，题目是"A simple life well lived"。从词汇上看，该标题仅有 5 个单词，而且通俗易懂，没有长难词；从文体上看，它是记叙文，展示的是一位商人和渔民之间富有哲理的对话。笔者在实施教学过程中，并没有单刀直入直接进入文本环节，而是在针对标题设计了以下问题：

① What is the definition of a simple life？
② Who lived a simple life？
③ When did they live a simple life？
④ Where do you think this story happened？
⑤ How was a simple life well lived？

学生们根据自己的知识储备，想象文本内容，并对文本主题大胆推测。大家各抒己见，气氛热烈，最后通过语篇对推测进行验证。学生在阅读过程中积极性空前高涨，增强了学生的关键信息抓取能力，优化了英语课堂的授课效果。

评析：以上案例中重视标题对阅读材料的吸引功能和引导作用，提出 5 个问题引导学生对标题进行解读，调动了学生参与课堂的积极性，学生们激活了认知图式，有助于他们对文本内容进行预测，引导学生围绕标题归纳出文章中心，促进学生运用标题帮助自己深入理解语篇内容。作为高校英语教师，我们在开展阅读教学时，不可急功近利，对语篇标题置之不理，急不可待地让学生直接进入正文阅读，要切实培养学生阅读从标题入手的好习惯，真正从整体上把握文本，减少学生对文本的理解偏差，从而事半功倍地提升学生的语言输入和语篇理解能力。

6.3.2　巧抓主题句　提升理解力

阅读的首要目标就是领悟语篇的主旨大意。众所周知，语篇由段落组成，语篇的中心思想通过段落大意呈现出来。那么，理解的关键就是掌握各个段落的主旨。通常情况下，若干个具有内在逻辑关系的句子组成段落，它们在思想内容上表达共同主题，形成自然段落。一个自然段落中往往会出现一个提纲挈领的句子，该句是该段的主题句（topic sentence），而段落中的其他句子扮演着解释、支撑主题句的角色，这些句子被称为细节句（details）。作者通过主题句表达出来的意思，我们称为段落的大意或主旨（main idea 或

gist）。由此可见，辨认主题句可以帮助我们理解段落大意，它在段落中的位置常常有以下 3 种情况。

1. 主题句位于段首

据统计，70% 左右的主题句位于段首。这是由于一般的作者都习惯使用演绎法写作，从一般到个别，即以概述开宗明义，随之辅以阐释、说明。

现举例说明。

例 74： That's not always the case. Some players may include a so-called balloon date in a deal, which gives them the right to collect the full sum after a specific period even if sales have slipped. Others will raise the percentage they collect without informing merchants. ——《研究生英语视听说教程》第 32 页

评析： 此段中的第一句即为主题句，概述本段的主题思想。作者在这里开门见山，一开段就陈述自己的观点"That's not always the case"（情况并非都如此），然后通过两个例子来解释说明主题句所提出的观点，这样使第一句看起来更加有理有据，而不是空穴来风。于是，第一句在此段起到纲举目张的作用，这是比较常见的主题句位于段落开头的情况。

我们再以 2021 年研究生入学考试英语一的第一篇阅读理解题的第一段为例。

例 75： How can the train operators possibly justify yet another increase to rail passenger fares？ It has become a grimly reliable annual ritual：every January the cost of traveling by train rises, imposing a significant extra burden on those who have no option but to use the rail network to get to work or otherwise. This year's rise, an average of 2.7 per cent, may be a fraction lower than last year's, but it is still well above the official Consumer Price Index（CPI）measure of inflation.

评析： 不难看出，该段的第一句为主题句，作者表明了自己对火车票价上升的反对态度。下面通过摆事实、讲道理来解释他的看法，阐明他的立场。在作者看来，每年一月乘坐火车出行的费用已成为他们的一贯做法，给那些不得不乘坐火车通勤的工薪阶层来说造成额外负担。而今年 2.7% 的上涨，虽然幅度比去年低，但是仍然远高于官方公布的消费者物价指数。从往年的做法到今年的数据对比，作者给出了铁一般的事实，通过确凿的证据控诉了铁路官方的做法，无疑是对自己持反对观点（主题句）最好的论证。

2. 主题句位于段尾

与主题句位于段首的情况截然不同，主题句位于段尾时，段落的写作程序一般为：表达细节的句子位于段首，概述性的句子居后，段落在此收尾。这种写作方法我们称之为归纳。位于段尾的主题句，一般是根据上文细节推断出结论、总结归纳要点等。

现举例说明。

例76： In 1959, Brazil lost the World Cup of soccer to Uruguay in Rio de Janeiro. The entire country was overcome by sadness; some people even died from it. Brazilians reacted very strongly to the defeat in the championship soccer game. Some people had heart attacks and others beat their heads against cement post. Brazilians are very emotional about soccer.

评析： 本段通过排比修辞列举事实，描述了巴西人对阵乌拉圭的世界杯足球比赛失利后的强烈反应，如整个国家笼罩在悲伤之中；有人甚至因球赛失利而死亡；有人甚至患了心脏病；有的人以头撞击水泥柱等。根据前面的描写，我们不难看出巴西人对待足球的态度，作者通过最后的主题句揭示出来，即"巴西人对足球的感情极其脆弱"。

3. 主题句位于段中

当主题句位于段中时，段首的句子一般起到引介主题的作用，即引入段落所要论述的主题，而主题思想则由主题句来表述。而后，为进一步阐明主题思想，在主题句之后还有适当数量的句子陈述细节或做合乎逻辑的推理。这一类的段落一般包括三个部分：引题—主题思想—解释或提问—回答—解释。

现举例说明。

例77： ① Californians and New Englanders are both Americans. ② They speak the same language and abide by the same federal laws. ③ But they are very different in their ways of life. ④ Mobility—both physical and psychological—has made a great impression on the culture of Californians. ⑤ Lack of mobility is the mark of the customs and morality of New Englanders.

评析： 本段前两句讲的是美国加州人和新英格兰人的共同之处：他们都是美国人，都需要遵守美国联邦法律。但第三句却点出了其不同之处，即对待生活方式的不同态度。紧接着作者就其不同之处做出了鲜明的对比。很显然，第三句为主题句。

以上概述了主题句可能在段落中出现的三种情况。但事实上，并非所有的文本的篇章布局一模一样。在说明文和议论文中，主题句比较明显，相对容易分辨。但在描述性作品如小说、故事当中，主题句并不明显，往往蕴含在语句当中，作者并不明确说明。这就需要读者运用其他方面的知识和技能，通过推理判断，才能准确抓取信息，最终找到段落和语篇的主题。

在寻找主题句的过程中，读者还必须把握好阅读节奏，和主题有关的部分可以适当放慢读速，无关紧要的部分可以选择快读甚至跳读。而对无主题句的段落则需加倍留意。如果不仔细辨别，不认真分析，那么得出的结论可能会与作者的本意相差甚远，曲解甚至误解作者的写作意图。

总而言之，辨认主题句是语篇分析的重要组成部分，也是英语阅读理解的主要技巧。掌握好这项技能，不但可以加快阅读语速，而且还可以提高理解能力，从而增强英语阅读的综合能力。

6.4 衔接和连贯

衔接（cohesion）存在于语篇的表层结构，是语篇的有形网络；连贯（coherence）则存在于语篇的深层次结构中，是语篇的无形网络，它通过逻辑推理来实现语义连接。衔接与连贯是话语分析和篇章语言学的研究重点，国内外不少语言学家都对二者的关系和实现手段进行过探讨。

6.4.1 衔接

语篇衔接，又可以分为显性衔接手段和隐性衔接手段两大类。显性衔接主要指那些通过语法、词汇实现连贯的衔接手段。在语篇理解过程中，可以通过显性的衔接手段来对文本进行解码；而隐性衔接则指通过语言使用者的文化背景知识或合理的逻辑推理等方法实现连贯的衔接手段。在理解文章的连贯时，需要通过背景知识、语境因素、合理的逻辑推理等作为手段。

我们在此重点关注显性衔接手段。

朱永生和严世清（2001）认为，衔接理论的创立以 Halliday 和 Hasan 两人于 1976 年出版的学术著作《英语中的衔接》为标志，该书系统研究了英语语言系统中可用来构建衔接关系的语料，形成了相对完整的理论体系。Halliday和Hasan（1976）认为，衔接属于语义概念，指的是语篇中语言成分之间的语义联系。当一个成分在语篇中解释另一个成分时，衔接就此产生。衔接存在于表层语言结构中，是语言形式在语法和句法上的连接。两人将衔接手段分为两大类：语法衔接（grammatical cohesion）和词汇衔接（lexical cohesion）。其中，语法衔接包括照应（reference）、替代（substitution）、省略（ellipsis）和连接（conjunction）；词汇衔接则包括复现（reiteration）和同现（collocation）。除Halliday和Hasan（1976）提到的以上两大种类的衔接手段以外，还有其他显性衔接手段，如时态、语态的一致也可以保证语篇的连贯。衔接手段与信息的传递紧密相连，语篇成分通过衔接手段在意义上得以连接，形成连贯的文本。

Michael Hoey（1991）扩展了词汇衔接的范围，提出了自己的词汇分析模式并区分了一系列的词汇复现（repetition）的方式。在胡壮麟（1994）看来，衔接对语篇的连贯起着非常重要的作用，是衡量语篇是否连贯的一个重要标准，并且把语调、语音模式也纳入衔接范围。

下面我们重点讨论以上语法和词汇衔接手段。

1. 语法衔接

（1）照应

Halliday和Hasan（1976）指出，当篇章中某些词汇的指称对象或所指必须依赖上下文，而造成不同的指称有相同的所指时，就形成了照应。换言之，照应指的是语篇中的一个成分用作另一个成分的参照点，即可以确定语言内部的联系，用代词等语法手段表示语义关系，通过照应别的词项来对信息进行说明。它们是一些起信号作用的词汇，本身并不能作语义理解，而必须从该词所指代的对象中共寻找线索。从语用功能的角度看，照应包括内照应（endophora）和外照应（exophora）。内照应中，参照点在语篇当中存在，说明的是语言内部的联系；而外照应是有关成分的参照点，存在于文化语境或情景语境中。

现举例说明。

例78：If <u>the mail</u> is not digitally signed, you can't be sure where <u>it</u> came from.

——《研究生英语视听说教程》

There are also a number of <u>web-based secure mail services that</u> keep all messages within their environment at all times to ensure security.

——《研究生英语视听说教程》

However, as more companies and regular email <u>users</u> see the need to secure <u>their</u> messages, the use of digital certificates will one day become a transparent part of your everyday activities.

——《研究生英语视听说教程》

评析：第一句话中共的 it 和前面的 the mail 形成语义照应；第二句定语从句中的 that 指代内容是 web-based secure mail services，它们互为照应；第三句包括一个原因状语从句和主句，users 和 their 形成照应关系，这里的物主性人称代词 their 显然指代的是 users'（使用者们的）。通过照应手段的运用，句子的语义得以衔接起来。

再举一例说明。

例 79：Hey, darling, how are <u>they</u> faring lately?

Tons of thanks to you. May I open <u>it</u> now?

评析：在两句对话中，我们并不能从语句中找到人称代词指代的内容，需要借助一定的语境。例如，第一句有可能是夫妻之间的对话，一方在问另外一方"they"（他们）最近过得怎么样，这里的"他们"就是外照应。根据推测，第二句语境中的"it"可能指代的是礼品，这就是外照应。

（2）替代

英语语篇中大多尽量避免赘述，而是使用替代的方式构建连贯。替代和照应类似，两者都意味着篇章中某一语言成分的阐释须借助前文。替代主要有三种：名词性替代（如 one, ones, the same 等），动词性替代（通常由 do 的一定形式充当）和分句性替代（这类词一般有 so, not 等）。

现举例说明。

例 80：

① We all think he's going to place 1st in the finals. I think <u>the same</u>.

② Is the wealthy guy going to sell his property? I think <u>not</u>.

③ This graduate hasn't landed a job as yet and he told me <u>so</u> the other day.

④ Did that adventurer climb Mt. Everest? Yes, he <u>did</u>.

评析：以上四句话中的画线部分都是替代，第一句"the same"指代的是"I think he's going to place 1st in the finals"。第二句的"not"替代的是"The wealthy guy is not going to sell his property"。第三句的"so"替代的是句子的上半部分提到的"This graduate hasn't landed a job as yet"。第四句中的"did"是

动词性替代，它指代的是"climbed Mt. Everest"。由此可见，通过替代的衔接手段，有效避免了上下文用词的重复，提高了词汇多样性，增加了语篇的可读性。

（3）省略

省略可以被视作一种特殊的替代，即零替代。省略意味着"尽在不言中"，被省去的信息可以在上下文中找到。省略一般有三种情况：名词性省略、动词性省略和分句性省略。

现举例说明。

例81：

① ——Have you ever visited the conservatory in Fitzroy Gardens Melbourne?
——Yes, I <u>have</u>.

② ——How many siblings do you have?
——I have <u>two</u>.

第一句是一问一答，在对问题的回答中，助动词"have"后省略了"visited the conservatory in Fitzroy Gardens Melbourne"。第二句的回答"two"后省略了"siblings"。

（4）连接

连接表示两个语段之间（句子之间、句群之间、句子与句群之间）的关系，其功能是通过连接成分表明句子间的逻辑关联，一般由连词（如 and、but、for 等）、连接副词（如 consequently、firstly、finally 等）和介词短语（如 as a result、for instance、in a nutshell 等）来体现。连接的衔接性并不在其本身，因为它本身不会影响上一句或下一句的结构，其衔接性是依靠连接成分的具体语义来实现的。通常情况下，它并不需要读者通过上下文来寻取信息，而只是通过连接成分的意义呈现内在逻辑关系，这种关系往往起着预测作用，向读者传达出语篇中有其他要素即将出现。Leech 和 Svartvik（1975）认为，无论在书面语还是口语中，这些起到连接作用的词汇和短语以它们特有的方式帮助读者理解语篇，标示出一个观点如何从一方面表达到另一方面。它们的这种连接作用就像旅途上的路标，为旅行者指路导航。

现举例说明。

例 82：

She took drugs last week. <u>As a consequence</u>, she was arrested by the school police.

评析： 两句话"She took drugs last week"和"She was arrested by the school police"之间不一定有因果关系，但是加上了表示因果关系的连接短语"as a consequence"之后，前后句之间的内在逻辑关系就确立了下来。

再以《研究生英语视听说教程》Unit 5 的 VI Reading 部分的最后四段为例。

例 83：

Until very recently sociologists did not have much to say about tourism. But in the last decade this has changed. The array of industries and activities that we call "tourism" is now seen as especially important. This is so <u>for three reasons</u>.

First, it is the largest industry in the world in terms of trade and employment...

Second, tourism is an industry with high levels of organizational and technological innovation...

Third, in most countries holidays have been centrally bound up with culture of that society...

评析： 通过第一段的最后一句的介宾短语"for three reasons"因果连接和下文的三个副词"first""second""third"列举连接，这四个段落紧密契合在一起，形成衔接自然、语义连贯的段落。

2. 词汇衔接

词汇衔接指通过词汇的重复、同义、反义、上下义、互补、同现等语义关系实现语篇的连贯。运用这些词汇能够产生较强的黏合力，形成一张词汇网络，赋予语篇连贯。英文语篇不会过多重复使用同一词汇，常常会综合重复、同义、反义、上下义词搭配使用。词汇衔接关系可以分为两类：

（1）复现（reiteration）

复现指的是某一单词以原词、同义词、近义词、反义词、上义词、下义词或其他形式重复出现在语篇里，句子通过这种复现关系实现衔接。原词复现指的是语篇中的同一主题词或关键词的重复出现，同义词、近义词、反义词复现指的是相近、相似意义或相反意义的词汇的重复出现。

我们在此对上、下词复现进行重点讲解。

在英语语篇中，某些词汇项之间有种语义上的类属关系，表明各自的层次和语义，这些词汇便形成了上下义关系。上义词（hypernym）的含义一般是概括而抽象，下义词（hyponym）的含义往往非常具体、直观。一般情况下，一个上义词会包含若干个下义词，而下义词本身的含义包括在上义词之中。例如，animal（动物）就是上义词，其对应的下义词就是我们耳熟能详的各种动物，如 skunk、weasel、badger、muskrat、chimpanzee、gorilla、kangaroo、wallaby、wombat、grizzly、moose、elk、reindeer 等不一而足。

（2）同现（collocation）

同现指的是词汇共同出现的倾向性（co-occurance tendency）。语篇中，有时围绕着一定话题，一定的词汇常常就会出现，而其他一些词出现的概率就比较小。词汇的同现关系还包括反义关系和互补关系。

现举例说明。

例 84：

Mary is an exemplary graduate student but her desk mate is a subpar guy.

评析：上句中的两个英语单词"exemplary"（模范性的，优秀的，上等的）和"subpar"（在平均标准下的，低等的）并非严格意义上真正的反义词，但在词义上却形成了鲜明的对比，可以将其归于词汇衔接中的反义复现。

再如以下段落。

例 85：

Touch is another nonverbal message carrier. It includes elements of both movement and space. Our society has strict norms governing touch among communicators, although how much and where can touch vary according to age, social groups, individual characteristics, and the situation. Other senses are also important carriers of communication messages. These include smell and such environmental factors as color, design, light atmosphere and temperature.

——《研究生英语视听说教程》Unit 6 VI Reading

评析：上面段落主要围绕非言语信息交流手段（nonverbal message carrier）展开。画线的 touch 作为原词复现，一共出现了 3 次；被圈起来的 communicators 和 communication 则属于词的不同形式，也可以归为原词复现；画虚线的词汇和短语则属于上、下义词复现，nonverbal message carrier（非言语信息交流载体）是上义词，movement 和 space 则是下义词；other senses 是上义词，而 touch, smell, color, design, light atmosphere 和 temperature 则属于该语境下的下义词；画波浪线的 another 和 other 则互为补充，属于典型的同现关系。段落通过这样的复现呈现，实现了语义衔接和上下文的连贯。

在特定的语境下，有意识的词项重复可以起到强有力的修辞效果，使语篇语义流畅、上下衔接、前后照应。一般在文学作品中出现较多。

例 86：《简·爱》的英文原版小说中曾出现这样的语句：

My bride! What bride! I have no bride!

评析：这是小说中 Rochester 说出的一句话，简·爱当时误以为 Rochester 要与富小姐结婚，所以她决定离开 Rochester。在此情境下，Rochester 向简·爱说出了这样的话。他想表明自己没有要与富家小姐结婚的意思，同时流露出自己想要挽回简·爱，他心目中的新娘是简·爱，但又不好意思直接表白。不难看出，作者通过同一词汇"bride"的复现表达了 Rochester 内心强烈的情感。

再以打油诗"A little fat man of Bombay"为例。

例 87：

A little fat man of Bombay,

Was smoking a very hot day,

But a bird called a snipe,

Flew away with his pipe,

Which vexed the fat man of Bombay.

评析：在 Halliday 看来，以上小诗中的 smoke 和 pipe 就属于较强的同现关系，考虑到打油诗的具体语境，smoke（抽烟）的对象往往是烟斗（pipe），一提到 smoke，读者心里往往想到的就是 pipe，两个词汇间具有强烈的共同出现的倾向性。

通过以上案例的分析，我们了解了尽管衔接不是语篇连贯的唯一手段，但衔接机制对阅读理解有着很大的帮助和促进作用。衔接手段所表现的黏合性不仅可为语篇的发展提供主要线索，而且可增加语篇的可理解性和生动性。在阅读理解中，要获得语篇的连贯意义，寻找衔接手段非常关键。

6.4.2 连贯

衔接存在于语篇的浅层结构，通过语法和词汇等表层结构形式呈现出来；而连贯则是深层的语义或功能关系，则通过句子或语段之间的语义或功能关系实现。

Van Dijik（1977）认为，连贯（coherence）是话语的一种语义特征，连贯依赖于每一个单句的解释及该句与其他句子解释之间的关系。

可以通过语法、词汇等衔接手段体现的连贯称为显性连贯，可以理解为衔接即为连贯；只能通过非语法、词汇的手段，如上下文语境、文化背景知识、语篇的内在逻辑等方能体现出来的连贯我们称之为隐性连贯。胡壮麟（1994）认为，连贯是指利用显性或隐性衔接手段，使句子内部、句子和句子之间、段落内部、段落和段落之间保持上下文在语义上的连贯性和一致性。他认为语篇的连贯性体现在音系层、词汇层、句法层、语义层及社会符号层，换言之，连贯是贯穿于整个语篇中的无形网络。

胡壮麟（1994）认为，对一个有意义、被读者乐于接受的语篇来说，它在语言各层次（如词汇、语义、句法、语音等）的成分都能够表现出一定程度的衔接，从而使说话人在交际过程中所要表达的意图贯穿整个语篇。黄国文（1988）则认为，语法、词汇等衔接手段的使用，可以体现语篇结构的黏着性。

由此不难看出，衔接是连贯的基础，语篇的连贯可以通过语法衔接和词汇衔接等手段来实现。在一个语义连贯的语篇中，句子与句子之间是有机结合、意义连贯的关系，上下文也相互照应。相反，较少使用衔接手段的语篇，文章跳跃度较大，段落主题之间缺乏关联，读者无法了解句群、段际关系，以及作者的谋篇布局、行文策略和语篇主题。

语篇的连贯有两个显著特点：一是表达连贯，即文章的段落之间、段落内各句子之间相互衔接；二是语篇内容逻辑连贯，前后一致，文本中的句子为全文中心思想服务。

从交际功能上来看，语篇的连贯依赖于语篇使用者的语用知识和语篇产生时的具体语境。基于语篇连贯的阅读教学模式下，提倡以句子、句群、段落和段群等为基本语言单位，借助语用、语篇知识以及文化常识，以衔接词、过渡句、段落主题句、文章主题段等为媒介，助力学生把握语篇中的起、承、转、合等谋篇技巧和行文手段，以最终实现对文本的理解、赏析和重构。

传统的英语阅读课堂上，普遍存在孤立讲解单词、句型、语法而脱离语篇的现象，重视字面意义的词汇拓展、常用句型的操练、语法规则的讲解及语篇的翻译，未能基于词汇、句子等语言单位在各层次表现出来的衔接关系去引导学生去挖掘作者通过语篇所要呈现的交际意图，也没有以语篇衔接手段为切入点开展阅读教学、培养学生的阅读理解技能,导致学生的阅读水平达长期徘徊不前。胡壮麟(1994)认为,英语教师一定要在阅读授课过程中突破句子的束缚,向大于句子的单位进军。

教师如何利用连贯开展英语语篇教学?笔者认为,要重点关注以下3点。

① 一定要培养学生的语篇意识。在英语阅读教学过程中,应该摆脱以教词汇、句子、语法的方式教阅读的惯性思维,鼓励并引导学生围绕单词、语法等在上下文语境中的交际功能去揣摩它们的深层语义,将清句子中的指代关系、词语搭配、信息展开方式等语篇的微观组织结构及语篇类型、语篇格式等宏观组织结构,帮助学生形成一定的语篇意识。

② 一定要在阅读课堂上积极融入语篇知识的讲解。教师在备课环节和授课过程中,一定要以语篇为载体,重视语篇中的语法衔接和词汇衔接及句子、句群、段落等语篇成分之间的语义逻辑关系,比喻、排比、拟人、夸张等修辞手段在语篇中的表意功能,以及语篇中主题句和过渡句的作用、行文特征等语篇知识的讲解,为学生掌握语篇阅读技能打好坚实的基础。

③ 一定要采取切实措施培养学生语篇能力。教师可以把显性衔接手段作为教学切入点,引导学生分析语篇的结构布局,理解语篇主旨,领会语篇意图。教师可以设计一系列的问题带动学生通过线索寻找语篇的体裁、立论句、语言特点、展开方式,带领学生讨论语篇的组织结构、语言形式和信息呈现方式,切实培养学生语篇分析能力,打破碎片化的阅读教学模式,并对文章进行整体解读,使学生掌握语篇分析模式,最终提升其阅读理解能力。

基于语篇连贯的英语阅读教学,应该讲解常用语篇衔接手段,引导学生跳出孤立语言知识的束缚,从语篇连贯的角度去理解语篇,指引学生尽快走出"只见树木不见森林"的阅读困境。为此,教师应教会学生厘清语篇宏观结构,指导学生通过对宏观结构的把握完成对语篇整体的理解,抓住文章的发展脉络,理解语篇主旨和作者的情感态度。

现举例说明。

例88:Norbert Schmitt(2017)在英国圣·安德鲁斯大学曾使用以下段落阐述语篇衔接和连贯。

Loyalty is known as the consumers' disease, supermarkets all over use this strategy to keep more customers shopping with them, without the possibility of looking and comparing with other competitors. This strategy helps these supermarkets to be able to increase their market share. The use of loyalty cards to reward loyal customers by allowing them to accumulate points every other time they shop and later redeem the points through a reward system. Tesco supermarket have their own loyalty cards known as the Tesco Clubcard Credit Cards that provides customers with a point for every 8 pound they spend. For Sainsbury, they provide their customers with nectar cards, which also allow the customers earn points from every pound they spend. Further Sainsbury allows its consumers to be able to redeem the points through online avenues. Morrison's Match & More Cards allow shoppers to collect points when they do their shopping and also when they recharge the card. The gaining of points when shoppers recharge, earned Morrison's a large customer base to increase its market share.

　　Schmitt 首先引导大家对段落进行略读（skim），从段首、段尾、段中寻找主题句，然后思考语篇如何通过深层语义和主题句紧密联系在一起，接着要求大家寻找文本中使用的各种衔接手段，包括原词复现、照应、连接、上下义词等。然后，教师又对该阅读文本所涉及的文化背景知识进行介绍，即英国 Tesco、Sainsbury、Morrison's 等各大连锁超市及其营销策略，随后又重点讲解语篇的显性连贯及语篇的内在逻辑。

　　评析：在教师的引导下，大家找到了位于段首的主题句，即 Loyalty is known as the consumers' disease, supermarkets all over use this strategy to keep more customers shopping with them…（忠诚度是顾客的依附性偏好，超市都会千方百计保持顾客对自己的忠诚度而在其商铺继续消费……）。然后大家根据教师的提示找到了语篇中的各种衔接手段（如下文所示），做同种标记表明作者使用的是同一种衔接手段。如运用原词复现手法的地方有 loyalty/strategy/cards/recharge 等；使用照应的地方有 these/they/them/their 等；另外，supermarkets 为上义词，而 Tesco/Sainsbury/Morrisons 等各大英国连锁超市可被视作下义词；被方框圈起来的有 further 和 and 等连接词。在教师的引导下，学生意识到衔接手段的运用增加了语篇的黏合度，使段落显得连贯流畅。最后，教师带领学生分析段落的内在逻辑联系，对语篇深层的连贯机构进行解读，即主题句→例证，从一般到个别的演绎法。段落开门见山，亮出作者观点，然后通过列举 TESCO/Sainsbury/Morrisons 三家英国连锁超市巨头如何通过吸引顾客办会员卡的具体措施来保持顾客对自己的忠诚度，以证实自己所提的观点。

Loyalty is known as the consumers' disease, supermarkets all over use this strategy to keep more customers shopping with them, without the possibility of looking and comparing with other competitors. This strategy helps these supermarkets to be able to increase their market share. The use of loyalty cards is to reward loyal customers by allowing them to accumulate points every other time they shop and later redeem the points through a reward system. Tesco supermarket have their own loyalty cards known as the Tesco Clubcard Credit Cards that provides customers with a point for every 8 pound they spend. For Sainsbury, they provide their customers with nectar cards, which also allow the customers earn points from every pound they spend. Further, Sainsbury allows its consumers to be able to redeem the points through online avenues. Morrison's Match & More Cards allow shoppers to collect points when they do their shopping and also when they recharge the card. The gaining of points when shoppers recharge, earned Morrison's a large customer base to increase its market share.

  课堂上整个流程走下来，教师通过略读导入，引导学生寻找语篇衔接和连贯手段，对文化背景知识进行讲解，指导学生加强语篇意识，抓住文章脉络走向，教会学生从宏观结构理解文本主旨，把握段落大意。

  以上介绍了语篇衔接与连贯理论的相关知识，如衔接手段、整体连贯等，并运用段落进行实例分析，阐明了语篇衔接与连贯理论对英语阅读理解的积极促进作用。

  总之，英语阅读教学从过去以词汇、句型为中心的教学模式上升到以语篇为中心的教学模式是大势所趋，有助于夯实学生的语言知识，有利于学生理解篇章段落之间的内在联系，让学生熟悉语篇衔接与连贯理论有关知识并进行针对性的技能训练，可以有效帮助学生养成正确的英语阅读习惯，从而提升学生英语阅读能力。

6.5　语篇文体

  语篇，对应的英文单词是"text"，它的指代范围较广，可以指一个完整的语言材料，包括各种语言交往和各种文体的语言材料。语篇分析是对文本的分析，而语篇离不开文体。文体存在于语篇之中，语篇时刻反映文体。崔雅萍（1997）认为，文体是对常规的变异，形成这种变异的主要因素是具体交际场合和语言使用者的年龄、个性、职业、文化、修养和社会地位等。人们在使用语言进行交际的过程中，交际环境、交际对象、交际目的和交际方式都在不断变化着，他们使用的语言产生了不同的功能变体，这种功能变体构成了人们常说的文体。文体可以归纳为口语体和书面体，它们各有其词汇、句法和篇章特征。

6.5.1 文体学

王佐良、丁往道（1987）认为，文体学是一门从语言学角度去研究文体的学问。文体有广义和狭义两种分法，狭义的文体仅指文学文体，包括个别作家的写作风格；广义的文体则指一种语言中的各类文体，如口语体、书面体，而这两者之中，又有若干文体。杨雪燕（2000）认为，文体学的研究对象包括使用中的任何语言变体，可以称之为语体。邱佳岭（2000）认为，文体学的主要任务是观察和描述若干文体的语言特征，即它们各自的词汇、句法和篇章特点。词汇的文体作用，一方面见于使用词汇手段的修辞格，如明喻、暗喻、换喻、拟人、夸张、反语、委婉语、双关语等；另一方面，口语词、书卷词、古词、俚语、新词、专业术语、行话及隐语的使用，也具有鲜明的文体色彩。在句法方面，句子的长度、句式的选择和句子成分的排列刻意求工，也能显示出文体色彩；对偶句、排比句、设问句、省略句等句式的有效运用，都有明显的文体效果。语篇分析的内容包括照应手段、语义连贯、体裁和语篇模式的分析，语篇分析所研究的规律与各种文体特点有直接关联。

6.5.2 文体构成因素

胡壮麟（2001）认为，文体由很多因素构成，包括体裁、变异、前景化、语境、语域、语篇模式等不一而足。根据语篇的话语场、话语基调、话语方式和思想意识形态的差异，语篇体现为不同体裁或语类，而语言又存在于特定的语境当中。

我们在此以体裁作为文体教学的切入点，共同探讨英语阅读教学方法。

6.5.3 体裁

通常情况下，体裁可以分为文章体裁和文学体裁。其中文章体裁包括记叙文、议论文、说明文、应用文等，文学体裁则包括诗歌、小说、戏剧、散文等。我们在这里重点探讨文章体裁。

大学英语教材以前三种体裁居多，同时因为我国研究生英语入学考试中的小作文都是应用文体裁，所以有的教材还会涉及应用文。长期以来，很多英语教师在实施英语阅读教学过程中，教学重点多放在词汇和语法讲解上，对文体教学的关注严重不足，最终导致学生对语篇的整体把握能力较弱，阅读教学收效甚微。

通常情况下，文体相同的语篇在信息分布、行文结构、遣词造句等方面都会呈现出一定的特征。识别不同文体特征往往能帮助学生厘清篇章布局和行文脉络，理解语篇的深层逻辑和作者的写作思路，能准确预判语篇走势，有助于学生快速从语篇提取信息，提高阅读理解的速度，加深对语篇内容的整体把握。另外，识别文体特征也能帮助学生有的放矢，对不同文体采取不同的阅读策略。

1. 记叙文

记叙文是语篇阅读中经常遇到的文章体裁，主要用于描述发生在过去的事件，可能真实，可能虚构，也可能两者兼有。故事、轶事、笑话、小说、戏剧、电影等是典型的叙事篇章，回忆录、自传、信件、新闻报道、广告、演讲等中间也会穿插叙事成分。

故事性的记叙文。一般都围绕人物、时间、地点、事件、原因、过程、结果等要素展开，并通过对细节的描述来呈现作者的写作意图。

新闻类报道的记叙文。笔者曾在本书听力部分的形式图式环节对新闻类报道的结构进行过详细的阐述，即此类记叙文通常由3个部分组成，分别是标题、导语和正文；在结构上是"倒金字塔"结构，特点是主要内容出现在开头，然后是次要和不重要的内容。换言之，这类记叙文一般按照重要性依次排列。导语，通常指新闻报道的第一段，是对整篇新闻主要内容的高度浓缩。它开宗明义，把新闻最能吸引人眼球的内容呈现出来，希望一开始就能牢牢抓住读者的注意力。导语一般会从 when, where, who, what, how, why 六个方面把主要内容呈现出来。新闻的正文部分，一般会向读者呈现更加详尽的内容，让读者看到完整、清晰的新闻报道。值得注意的是，新闻报道一般属于记叙文体裁，而新闻评论或社论则隶属于议论文范畴，它们通常围绕论点展开。

2. 议论文

议论文的主要目的在说服。作者常常借助于演绎、归纳、例证、类比、分析、因果互证等逻辑方法去证明某个事件或某种现象的真实性，论证观点的正误，从而使人信服。无论采取哪种论证方法，议论文最终可以归结为论点、论据、论证三大要素。夏侯富生（2009）认为，"什么问题、为什么有问题、如何解决这个问题"是议论文的惯常结构。

议论文是通过摆事实、讲道理的方式试图说服读者的文章体裁。因此，阅读议论文时要抓住作者论点、抓住最终结论，并能找出作者的论据。教师在引导学生阅读议论文时，要教会学生如何找出主题句、论据细节、论证过程等。此外，教师还要引导学生梳理论证过程中的逻辑方法。

3. 说明文

说明文旨在阐明事理、解说事物，它通常按照空间、时间、逻辑顺序对事理或事物进行说明，从而使人获得新的知识。此类文体一般要求内容科学、条理清晰、语言准确。田延明和王淑杰（2010）认为，解说、划分与分类、比较与对照、因果关系等图式类型是说明语篇的最常见的结构模式。无论语篇呈现出来的是哪一种结构模式，基本上都可以概括为"开头引出说明对象，中间进行详细说明，结尾作总结说明"。

说明文是对某种现象、某个事物的产生、性质、功能、状态等进行说明，或者对某种工作原理、操作流程进行介绍的文体。它通常借助图片、图表、数据、分类等方法进行解释、说明。

说明文的形式多种多样，例如有介绍类说明文，有比较类说明文，有夹叙夹议类说明文。在介绍类说明文中，一般会出现语篇信号词，例如 firstly, secondly, finally 等。总之，理解说明文的核心是要抓住所要说明的事物或现象的本质、特征、功能，抓住语篇信号词。

4. 应用文

应用文，是指人们在日常生活、工作、学习中所应用的简易通俗文字，一般有固定的格式，如书信、公文、单据、契约、广告、通知、海报、交通运输时刻表等。应用文简单明了、直截了当，通常伴有图表，语言表达中通常会有省略。

在应用文阅读教学过程中，教师应该引导学生掌握应用文基础词汇、句型及各种各样应用文体的程式，以培养学生阅读各类应用文的能力。程式化是应用文的一大特征。要熟悉分辨各种应用文体，并掌握它们的模式和惯用语句。

应当注意的是,程式化不但是英语应用文的特点,也是中文应用文的特点。英汉两种语言对这种程式化的文体在表达的差异也是应用文阅读的一大难点。学生的汉语思维已经形成,中文应用文体程式已在头脑里形成定式思维。当他们遇到某种程式化的英语应用文时,受到母语负迁移的影响,头脑中会立即浮现出对应的中文应用文程式。例如,正式的英文信函,其寄信人的地址和寄信日期要写在信笺的右上角,收信人的地址则要写在信笺开头称呼语的正上方。而中文书信一般只要求写发信的日期及发信人的姓名,署在正文结尾之后即可。这就是文化背景不同,思维方式不同所产生的语言文化习惯的差异,学生在阅读此类应用文体时往往会困惑不已。因此,教师应通过分析、对比英汉两种语言程式化文体的差异,让学生从中感受文化习俗差异,从中文的应用文程式中解脱出来。

在阅读英语应用文时,还必须把握应用文体的特点,熟悉其简洁的语言风格。英语应用文一般用词精练,语句表达准确,并常用一些缩略词。现以告示为例。

例89:在国外机场洗手间里洗手池的自动出水的水龙头上方,经常可以看到"AUTOMATIC"(自动);在麦当劳、肯德基等快餐店的入口处和出口处,往往可以看到两个单词:"PULL"(拉)和"PUSH"(推);在国外的某些街道禁停区,可以看到这样的标识语"NO PARKING TOW-AWAY ZONE"(禁止停车,否则拖车);笔者曾经在新加坡街头看到过这样的标识语"LOW CRIME DOESN'T MEAN NO CRIME"(犯罪率低并不意味着没有犯罪),提醒大家要保持高度警惕,一旦发现犯罪行为,及时拨打报警电话。

评析:应用文体结构简单,语言凝练,让人一目了然。此外,这些提示性或警示性的应用文字,一般使用大写英文字母,非常醒目,又显得庄重严肃。由此可见,熟悉并掌握英语应用文的主要特点,对阅读并正确理解这一文体起着至关重要的作用。

现再举一例说明。

例90:

以2020年研究生入学考试英语一的第一篇阅读理解为例。

① A group of labor MPs, among them Yvette Cooper, are bringing in the new year with a call to institute a UK "town of culture" award. The proposal is that it should sit alongside the existing city of culture title, which was held by Hull in 2017 and has been awarded to Coventry for 2021. Cooper and her colleagues argue that the success of the crown for Hull, where it brought in £220m of investment and an avalanche of arts, ought not to be confined to cities. Britain's town, it is true are not prevented from applying, but they generally lack the resources to put together a bit to beat their bigger competitions. A town of culture award could, it is argued, become an annual event, attracting funding and creating jobs.

② Some might see the proposal as a boo by prize for the fact that Britain is no longer be able to apply for the much more prestigious title of European capital of culture, a sough-after award bagged by Glasgow in 1990 and Liverpool in 2008. A cynic might speculate that the UK is on the verge of disappearing into an endless fever of self-celebration in its desperation to reinvent itself for the post-Brexit world: after town of culture, who knows that will follow-village of culture? Suburb of culture? Hamlet of culture?

③ It is also wise to recall that such titles are not a cure-all. A badly run "year of culture" washes in and out of a place like the tide, bringing prominence for a spell but leaving no lasting benefits to the community. The really successful holders of such titles are those that do a great deal more than fill hotel bedrooms and bring in high-profile arts events and good press for a year. They transform the aspirations of the people who live there; they nudge the self-image of the city into a bolder and more optimistic light. It is hard to get right, and requires a remarkable degree of vision, as well as cooperation between city authorities, the private sector, community groups and cultural organizations. But it can be done: Glasgow's year as European capital of culture can certainly be seen as one of complex series of factors that have turned the city into the power of art, music and theatre that it remains today.

④ A "town of culture" could be not just about the arts but about honoring a town's peculiarities—helping sustain its high street, supporting local facilities and above all celebrating its people and turn it into action.

What is the author's attitude towards the proposal? _____

A. Skeptical   B. Objective   C. Favorable   D. Critical

评析：从第一段我们不难看出，这是一篇议论文体裁的阅读，主题句

(topic sentence)是位于段尾的 Cooper 和她的同事们的提议"A town of culture award could, it is argued, become an annual event, attracting funding and creating jobs."(他们认为,"文化之城"这样的盛事可以每年都举办,一来可以吸引投资,二来可以创造就业机会),接着作者针对这个观点开始论证。第二段作者罗列了对此持质疑观点的不同声音,第三段中作者笔锋一转,辩证地论证了这样的荣誉称号要取得长久的成功,不能仅仅停留在增加宾馆入住率、引进高水平的艺术盛事和一年良好的媒体报道,还要在很多方面进行投入。他们要转变当地居民的愿望,将城市的自我形象推向更大胆、更乐观的一面。接着,作者又论证说,成功的运作需要有远见,城市当局之间、私营部门、社区组织、文化团体之间的合作,通过例证法举出格拉斯哥成功的案例,作者的观点更加令人信服。第四段画龙点睛,为全文的结论,作者认为"文化之城"不仅仅与文化相关,还应该充分尊重城市的个体特征。

该文是典型的议论文结构,即引论—本论—结论,按照"提出问题—分析问题—解决问题"的结构进行论证。作者摆事实,讲道理,首尾呼应,一气呵成,一环扣一环,层次清楚,逻辑严密,论证深刻。

根据上面的语篇体裁和脉络走向,我们可以判断出作者对此提议的态度是赞成的,这也正是该篇阅读理解的最后一道题的答案。

6.6 语篇组织结构

大多数情况下,一个语篇由多个段落组成。句子与句子之间、段落与段落之间的组织和安排,是作者表达思想观点、呈现事实的一种方式,也就是我们熟悉的语篇组织结构,它是指作者为了有效提高语言表达效果,对语篇内容进行合理的组织和安排。在阅读理解中经常可以看到考察内容组织结构和呈现方式的词汇和短语,如 chronological order(时间顺序), order of importance(重要性), categorical(按类别顺序), cause and effect(因果顺序), compare and contrast(类比和对比)等。

英语语篇常见的组织结构有:概括—具体式、过程顺序式、问题—解决式、假设—真实式、类比和对比、时间顺序式等。了解语篇组织结构的相关特征可以帮助学生对文本内容的呈现方式和内容分布做出预测,从而更有针对性地采用什么样的策略来提高阅读理解的效率。

6.6.1 概括—具体式

在以概括—具体式为主要语篇组织结构的文章中,首先是概括性的陈述,然后围绕概括性陈述提供具体细节。

现举例说明。

例 91:

以笔者使用的《研究生英语视听说教程》Unit 3 的 VI Reading 第四段为例。

<u>This type of financing, though, is controversial</u>(全文主题句). Traditional lenders follow state guidelines, known as usury laws, which limit the interest rates they can charge borrowers. Florida, for example, caps the rate at 18%. Merchant cash advances are defined as the "purchase and sale of future credit-card receivables" rather than an actual loan. That exempts the advances from the usury laws. For example, a merchant cash advance where the firm charges fees of 33% of the principal during a 7-month repayment period is akin to taking out a loan at an annualized interest rate of more than 50%.(拿出具体的数据,以事实说话)"It's <u>a very expensive form of credit</u>(对上文举例的总结,形成首尾呼应)," says Marc Abbey, managing partner of First Annapolis Consulting.

英语语篇讲究主题段和主题句,它们高度浓缩中心大意。因此,从文章的组织结构出发,留意主题句和具体细节,理解文本框架,抓住关键词汇,挖掘内在逻辑关系,进而把握整个文本,这是提高阅读效率的好办法。

6.6.2 过程顺序式

这是说明文通常运使用的语篇组织结构。

现举例说明。

例 92:

Anyone can make bread with a few simple ingredients and a little know-how.

<u>Firstly</u>, assemble your ingredients. For this basic French bread, all you need is all-purpose white flour, salt, sugar, warm water and a package of

dry yeast. <u>Then</u>, you need to activate the yeast. In a cup of small bowl, mix your yeast with warm water. <u>Next</u>, mix the flour and salt together thoroughly in a large mixing bowl. The bowl must be big enough to hold all your flour and water together at once and mix it comfortably, preferably with a sturdy wooden spoon. <u>Fourth</u>, add water and mix thoroughly. Slowly add the water to the bowl with one hand while you stir the flour with the wooden spoon in your other hand. <u>Fifth</u>, turn the dough out on a well-floured kneading surface. Let the dough rest at least five minutes. <u>Sixth</u>, knead the dough. The initial kneading is the most important step in preparing the dough. Firmly knead constantly for at least 5-10 minutes or until the dough feels smooth. <u>Then</u> let the dough rise for three hours and punch the dough down, turn it out and reform it. <u>For the next step</u>, you need to let the dough rise again for about 90 minutes. <u>Then</u>, form the dough into whatever shape you want it to be.

<u>Last</u>, bake at 400 degrees Fahrenheit, for about half an hour or until the crust turns golden brown.

从画线部分副词和短语，我们不难看出做面包的具体流程，这种篇章组织结构可以称之为过程顺序式。

6.6.3 问题—解决式

该模式下，作者往往首先向读者提供情景和问题，然后描述对这一问题的反应，最后提出对这一反应的有效性评价，即情景—问题—反应—评价。

张结根（2007）曾以 2005 年全国硕士研究生招生考试英语一的填空式阅读来加以说明。

例 93：

Canada's premiers (the leaders of provincial governments), if they have any breath left after complaining about Ottawa at their late July annual meeting, might spare a moment to do something, together, to reduce health-care costs.

They're all groaning about soaring health budgets, the fastest growing components of which are pharmaceutical costs.

41. _____.

What to do? Both the Romanow commission and the Kirby committee on health care—to say nothing of reports from other experts – recommended the creation of a national drug agency. Instead of each province having its own list of approved drugs, bureaucracy, procedures and limited bargaining power, all would pool resources, work with Ottawa, and create a national institution.

42. _____.

But "national" doesn't have to mean that "National" could mean interprovincial – provinces combining efforts to create one body.

Either way, one benefit of a "national" organization would be to negotiate better prices, if possible, with drug manufacturers. Instead of having one province – or a series of hospitals within a province – negotiate a price for a given drug on the provincial list, the national agency would negotiate on behalf of all provinces.

Rather than, say, Quebec, negotiating on behalf of seven million people, the national agency would negotiate on behalf of 31 million people. Basic economics suggests the greater the potential consumers, the higher the likelihood of a better price.

43. _____.

A small step has been taken in the direction of a national agency with the creation of the Canadian Co – coordinating office for Health Technology Assessment, funded by Ottawa and the provinces. Under it, a Common Drug Review recommends to provincial lists which new drugs should be included. Predictably, and regrettably, Quebec refused to join.

A few premiers are suspicious of any federal – provincial deal – making. They (particularly Quebec and Alberta) just want Ottawa to fork over additional billions with few, if any strings attached. That's one reason why the idea of a national list hasn't gone anywhere, while drug costs keep rising fast.

44. _____.

Premiers love to quote Mr. Romanow's report selectively, especially the parts about more federal money. Perhaps they should read what he had to say about drugs: "A national drug agency would provide governments more influence on pharmaceutical companies in order to try to constrain the ever – increasing cost of drugs."

45. _____.

So when the premiers gather in Niagara Falls to assemble their usual complaint list, they should also get cracking about something in their jurisdiction that would help their budgets and patients.

A. Quebec's resistance to a national agency is provincial ideology. One of the first advocates for a national list was a researcher at Laval University. Quebec's Drug Insurance Fund has seen its costs skyrocket with annual increases from 14.3 percent to 26.8 per cent!

B. Or they could read Mr. Kirby's report: "The substantial buying power of such an agency would strengthen the public prescription – drug insurance plans to negotiate the lowest possible purchase prices from drug companies."

C. What does "notional" mean ? Roy Romanow and Senator Michael Kirby recommended a federal provincial body much like the recently created National Health Council.

D. The problem is simple and stark health – care costs have been, are, and will continue to increase faster than government revenues.

E. According to the Canadian Institute for Health Information, prescription drug costs have risen since 1997 at twice the rate of overall healthcare spending. Part of the increase comes from drugs being used to replace other kinds of treatments. Part of it arises from new drugs costing more than older kinds. Part of it is higher prices.

F. So, if the provinces want to run the health care show, they should prove they can run it, starting with an interprovincial health list that would end duplication, save administrative costs, prevent one province from being played off against another, and bargain for better drug prices.

G. Of course, the pharmaceutical companies will scream. They like divided buyers, they can lobby better that way. They can use the threat of removing jobs from one province to another. They can hope that, if one province includes a drug on its list, the pressure will cause others to include it on theirs. They wouldn't like a national agency, but self – interest would lead them to deal with it.

评析：我们可以从第一段看出，作者认为加拿大的省政府官员应该花一点时间做一些实事，尽量减少健康福利的支出；第二段又讲到他们对空前高涨的健康预算，特别是药物的价格怨声载道。据此，我们可以预测整个语篇可能讨论药品价格攀升问题及对策，基本可以确定该文本为"问题—解决式"模式。

先看 41 题，前一段的 pharmaceutical costs 被提出来。因此接下来很可能扩展论述。根据衔接连贯中的词汇复现原则，药价极有可能在此出现。加上该空的下一段出现了"what to do？"，因此我们可以确定正确选项应会提到和分析药价上升。经过这样的分析，我们发现只有 E 符合要求。

再看 42 题。该道题后面有 But "national" doesn't have to mean that. 通过转折词 but，我们可以断定 42 空所填的内容要与这一句话有转折，42 题的正确选项里应该有 national 相关词汇。据此，我们可以判断答案是 C，因为它提到了 national 的意思，Romanow 和 Kirby 提议建立一个联邦级别和省部级别一体化的机构。

再看 43 题。该题的前两段文字以魁北克省为例，阐述了建立全国性机构的好处，并述说消费者基数越大，药品价格就会越低。下一步有可能要讲这个设想的可行性和实用价值，如制药公司是否会对潜在的药品费用下跌有意见。选项中只有 G 提到制药公司对全国性机构创建设想的不满，保持了语篇的连贯，应为正确答案。

再看 44 题。该题前有两段文字，分别提到了魁北克省拒绝加入全国性机构和一些省政府官员的对此设想持怀疑态度。换言之，该想法在全国推行遇到了阻力。因此，接下来极有可能会谈到处理方案。F 项很合理，如果各个省份要想推行这个设想方案，必须采取切实措施来证明他们有这个能力，应和其他省份一起联手行动，从跨省健康医疗开始，节省行政成本，防止各省单打独斗，以最终实现药品价格的下降。

最后看 45 题。该空前面的文字提到，这些官员们也许应该读一读 Romanow 有关药品的论述，那么该空应该接着前面提到的另外一个人 Kirby 有关药品的论述，与上段构成并列关系，来解释建立全国性药品结构的意义。据此，应该选 B。

从全文结构来看，采取的是"问题—解决式"模式，话题的推进过程显而易见。语篇的前三段向读者呈现了一个具体的情景：药品价格骤然上升，到底该如何面对？第四段以"What to do?"切入，借此引出人们可能做出的反应，即建立全国性的药品机构。接下来，作者给出了两种关于"national"的解释，然后对设想进行评价。随后详细叙述了该设想在全国推行所遭遇的两个阻力，即药厂和各省政府。接下来引用两位专家的看法强调建立全国性机构的重要意义。文末是对第四段的反应的又一次正面评价。不难看出，该文的结构脉络如下：

情景和问题—反应—积极评价—问题复杂化—积极评价。

辨别文本的组织机构，是英语学习者应该掌握的必备技能，它可以帮助读者对文章的篇章布局进行大胆预测和合理推理，最终有效提升阅读效率。

6.6.4 假设—真实式

假设—真实式，又可称为主张—反主张模式。该类型的语篇模式经常出现在评论、辩论、政治新闻等类型的语篇之中。除此之外，也经常出现在报刊、杂志的"读者来信"栏目中。在这种模式的假设部分，作者陈述他人或自己的已经说过的但没有认同真实性的情况或观点，有时可能根据需要同时提供该情况或观点的理由；在真实部分，作者对假设部分中的情况或观点的真实性阐明自己的观点和看法，即肯定或否定、支持或反驳假设部分，并给出原因。

情景—主张—反应是构成"假设—真实式"的三个部分。其中，核心部分是主张和反应，而情景部分并不是所有语篇都会出现。从英语的语篇角度来看，作者在反应部分的反驳、否定主要有两类：提出对立与主张部分所述观点；在对所述情况"证伪"的前提下，描述真实情况。

Hoey（2001）曾举例说明以上模式。

例94：

① I have in my possession a copy of a press release from Sir Aaron Klug, the president of the Royal Society dated April 1996—a month after it was officially admitted that BSE was probably the cause of the new variant CJD.

② In it, he stated that "the sheep form of the disease called Scrapie, is known not to infect humans."

③ We know no such thing.

④ What we know is that we do not know whether Scrapie can infect humans and cause CJD, a very different matter.

Dr. Helen Grant

London

评析：该例来自英国《卫报》的一封读者来信。第一段为情景，第二段呈现他人观点，第三段和第四段是作者对他人观点进行否定和修正。

不难看出，该模式的核心成分为"假设"与"真实"。作者可能会有多种反应。在"假设"部分，作者对他人观点进行陈述，但并没有认同。在"真实"环节，作者对"假设"部分中的观点或情况的真实性表明自己的观点，即肯定或否定、支持或反驳"假设"部分提出的观点或情况，一般会给出具体的理由。刘金明（2005）认为，"真实"不一定是作者的看法或观点，也可能是作者提出另一方主张或是描述针对情况。Hoey（2001）认为，"假设"部分绝非强制部分，该模式可以直接从"否定"环节开始。由此可见，本模式在匹配关系上并不局限于组成部分之间的逻辑顺序。

6.6.5 类比和对比式（Comparison and Contrast）

类比和对比是揭示人或事物本质特征的重要手段。要分析两个或更多的人或事物之间的异同，同时他们又是属于同一类别时，就可以使用类比和对比模式。其中，类比（comparison）确认事物的相同点或相似点，主要是用来说明所分析事物或人物之间的相似之处（similarity）；而对比（contrast）则是用来确认事物或人物之间存在的差异（difference）。在实际写作过程中，两种方法往往糅合在一起使用。

两个事物之间的相似之处和差异之处可以使用韦恩图（Venn Diagram）来展示。如图 6-1 所示，两个圆圈可以分别代表 A 和 B，交叉部分表示两者的共同之处，即类比；未交叉部分则是两者的差异，即对比。

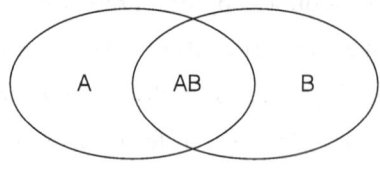

图 6-1 韦恩图

在进行类比时，我们常常会用到以下词汇：the same as, likewise, similarly, in the same way, in like manner, in common 等。

而在进行对比时，经常会用到以下词汇：but, however, on the contrary, on the other hand, nevertheless, although, though, whereas, conversely, by contrast 等。

类比和对比语篇的写作方法和结构主要有以下两种：

我们可以就所讨论的事物或人的特点——加以类比、对比，我们也可以称之为"点对点式"（seesaw pattern），即先介绍完 A 的第一点，再介绍 B 的第一点，然后介绍 A 的第二点和 B 的第二点，……，如图 6-2 所示。

A1
B1
A2
B2
A3
B3
⋮

图 6-2 点对点式

还可以分别阐述所论事物或人物的特点，我们也可以称之为"面对面式"（block pattern），即先介绍 A 的第一点、第二点、第三点等，然后介绍 B 的第一点、第二点、第三点等，如图 6-3 所示。

A1
A2
A3
B1
B2
B3
⋮

图 6-3 面对面式

例 95：笔者曾给学生讲解类比和对比两种语篇组织结构，通过图例进行详细说明，最后布置任务：要求学生阅读以下两个语篇，以小组为单位进行头脑风暴，从中辨别出"点对点式"和"面对面式"，并找到两个语篇对中国和印度进行类比和对比的点。学生进行热烈讨论，最终完满完成任务。

语篇Ⅰ：

Although China and India are both large countries, there still exist lots of differences when it comes to the handling of the COVID-19 pandemic.

China is a socialist country and the Chinese government puts people's health and safety first. Unlike China, India adopts capitalism and its government's focus is election and votes. What's more, Chinese people understand and follow government guidance strictly. But lots of Indians don't care about lockdown and they still gather in large groups. In the end, COVID-19 is put under control in China and life is back to normal. However, in India, COVID-19 is out of hand and has hurt the economy and the people.

On the whole, both China and India are struck by COVID-19, but China does a far better job than India.

语篇Ⅱ：

Although China and India are both large countries, there still exist lots of differences when it comes to the handling of the COVID-19 pandemic.

China is a socialist country and the Chinese government puts people's health and safety first. What's more, Chinese people understand and follow government guidance strictly. In the end, COVID-19 is put under control in China and life is back to normal. Unlike China, India adopts capitalism and its government's focus is election and votes. Lots of Indians don't care about lockdown and they still gather in large groups. As a result, in India, COVID-19 is out of hand and has hurt the economy and the people.

On the whole, both China and India are struck by COVID-19, but China does a far better job than India.

评析：两个语篇都采用的是"总分总"的结构，开头和结尾都一样（如画线所示），中间论证部分别使用了"点对点"和"面对面"两种方式，对中国和印度两个人口大国在国体和抗击疫情中的具体表现进行对比。为了更清楚地展示论证结构，对中国和印度两个国家的论述分别使用粗下画线和虚线表示。不难看出，语篇 I 采用的是"点对点式"，而语篇 B 则使用的是"面对面式"。

通过对类比和对比的详细讲解和图例展示，学生对语篇的两种组织机构有了清晰的认知和准确的把握。让学生以小组为单位，通过头脑风暴进行分析讨论，并最终梳理出两个语篇类比和对比的点，巩固了对语篇的两种组织机构的掌握。

6.6.6 时间顺序式（chronological order）

即按照事情发展过程的先后时间来介绍某一事物的说明顺序。事物的发展变化离不开时间，如说明生产技术、产品制作、工作方法、历史发展、文字演变、人物成长、动植物生长、事故连锁反应等，往往以时间为序。

现举例说明。

例 96：

…During the rush hour one evening two cars collided and both drivers began to argue…She suddenly got into a panic and stopped her car. This made the driver following her brake hard. His wife was sitting beside him holding a large cake. As she was thrown forward, the cake went right through the windscreen and landed on the road. Seeing a cake flying through the air, a lorry driver who was drawing up alongside the car, pulled up all of a sudden…This led to yet another angry argument.…the traffic piled up behind. It took the police nearly an hour to get the traffic on the move again…

——《新概念英语（第 3 册）》Lesson 33 A day to remember

评析： 不难看出，以上语篇使用的是时间顺序，two cars collided（两车相撞）—drivers began to argue（两司机开始争吵）—woman behind stopped her car（后车女司机紧急停车）—the driver behind her braked hard（后方司机紧急刹车）—cake was thrown out of the car（蛋糕被甩出车外）—lorry driver pulled up suddenly（卡车司机急忙停车）—another angry argument（引起争吵）—traffic piled up（塞车）—police spent nearly an hour getting the traffic on the move（警察花费一个小时疏通交通）。时间顺序使篇章显得更具条理，更清晰地向读者呈现出事情的发展脉络。

第 7 章

英语写作教学

写作是跨文化交际的重要手段。写作能力是对人们的语言运用能力、思维能力和认知能力的综合反映。《中国英语能力等级量表（2018版）》表5中对书面表达能力有九个级别，最高级为九级，其标准为"能综合考虑写作目的、读者对象、交际情景等各种因素，就各类话题撰写评论性文章。能结合社会现象进行创意创作，语言具有鲜明的体裁特征，作品富有艺术感染力"。其中八级的标准为"能就复杂的社会问题展开论述，观点鲜明，条理清晰，层次分明，逻辑缜密。能恰当地综述和评价有关文献，进行学术类写作，理据充分，讨论深入，结论可靠。能进行一定的创意写作，行文流畅，有较好的构思和深度"。不难看出，最高两个级别的书面表达能力对学习者的创造性写作能力、逻辑思维能力、思辨能力、语言综合能力等都提出了要求。

7.1 我国大学生英语写作存在的问题

写作水平高低是衡量英语语言综合知识掌握程度的重要指标，包括研究生在内的我国大学生的英语写作，存在各种各样的问题，写作水平亟须提高，写作技巧也尚有较大的提升空间。

写作在大学英语四六级考试中占15%（共106.5分）的比重，不仅考查学生综合应用英语的能力，更考查学生的逻辑思维和论证能力。《大学英语四六级考试大纲》对写作的要求是考生需要在半个小时内完成一篇100～120词的短文，能正确表达思想，意义连贯，语句通顺，无重大语法错误。从我国高校大学生的四六级考试平均成绩来看，写作部分得分一直都不太理想，大多数学生甚至未达到教学大纲的基本要求。《21世纪大学英语的改革创新》指出了目前大学英语写作中普遍存在的"四差一慢"的问题：语言规范性差；应用语言基本句型能力差；段落开展策略差；篇章逻辑连贯性差；写作速度过慢。田耀（2004）认为，从卷面上看，学生不仅是英语运用语言能力差，而且也缺乏一定的写作技巧。陈露雅等（2020）认为，从历年英语四六级成绩数据来看，写作得分长期在低水平徘徊，学生也缺乏书面写作的兴趣，存在的问题主要有词汇量不足、中式英语、语法基础不牢固、逻辑思维混乱等。陈淑华（2020）认为，中国大学生四级考试作文中存在的问题有：审题不仔细、结构不合理、中式思维严重、语法不扎实、词汇量小等。

再看全国研究生招生考试中英语中的写作。曾智华和邱圣晖（2010）认为，全国研究生招生考试英语考试写作部分出现的错误主要有词汇问题，包括词类错误、替代错误、省略型错误；语法错误，包括修饰语错置、垂悬修饰语误用、平行结构错误、指代不够清晰；语篇错误，包括无连接词、论据不足等。除此以外，张立杰等（2016）认为，全国研究生招生考试英语写作中的常见错误还包括词的搭配、句式与句型错误、主谓不一致、句子不完整、时态语态错误、写作格式错误（大小写和标点符号）、逻辑混乱等。

我们再来看一下中国学生在雅思和托福考试写作部分的表现。

雅思写作主要从四个维度（写作任务回应情况、连贯与衔接、词汇丰富程度、语法多样性及准确性）对考生写作给予评分，评分区间为1—9，累计4个分项分数之后得出平均值即为最终成绩。陈姗（2013）认为，中国学生雅思写作常见问题有：标点符号使用不够规范；词汇和语法错误多；篇章问题，包括句式单一、句子不完整、衔接不合理、文不对题；字数不够。李霞（2017）认为，中国学生雅思写作常见问题有：语法错误，层次不够分明，句子结构过于单一，对文章主题把握不够准确。张丹阳（2020）认为，根据中国英语能力等级表所示，等级表6级对应雅思写作6分，该等级适用于高年级大学生。但中国考生在雅思写作中常见的问题有：论点不明确，过于泛化或细化，无法合理运用论证策略；衔接与连贯方面的问题，主要表现在学生逻辑连接词使用过于单一化、段落和论点之间的过渡过于机械化、句子之间的逻辑性较弱；词汇不够丰富，主要表现在母语负迁移影响尤为突出，词汇口语化，同义词积累匮乏；语法多样性和准确性方面，主要表现在长难句过多，无法合理使用简单的复杂句，句法过于复杂，信息量严重不足。

托福的写作评分标准主要有 4 个维度，分别是：文章切题，阐说充分，文章有说服力；段落组织有序，衔接紧密，过渡自然，有很强的逻辑性；段落内句与句连接顺畅，句式使用恰当，灵活，娴熟；用词确切，得体。袁苑（2014）认为，托福考试中我国大学生出现的主要问题有：用词过于单一，无法明确、切题地表达立场，缺乏强大的论据支持，论证过程中缺乏组织结构的搭建，论证缺乏条理，逻辑混乱，例证缺乏说服力。李盛（2017）认为，中国考生往往在托福写作中陷入三个误区，分别为：用词过于高级、复杂而忽视了正确、流畅的语言使用；长句运用过多而影响意义表达；过度追求字数，而忽视了对内容的推敲。

不管是以中国的四六级英语考试、研究生入学英语考试衡量标准，还是以国际上通用的英语语言水平衡量标准来看，我国高校学生的英语写作水平都不容乐观，要引起足够重视，需要认真对待。

我们重点从以下方面论述英语写作的提高路径。

7.2 英语常用标点符号的教学

《中国英语能力等级量表（2018 版）》表 5 中明确规定学生要"能正确使用字母大小写形式和常见标点符号"；雅思的写作评分标准中，标点符号的使用准确度也是其中一项。由此可见，标点符号的准确使用是衡量学生写作能力的重要标准。

我们发现，在高校阶段，包括研究生阶段的英语书面作业中，英语标点符号使用上存在各种问题，如误用、乱用、漏用现象屡见不鲜。甚至还有部分学生一个逗号从头用到底。标点符号看似毫不起眼，但它却是英语写作的重要组成部分，有助于提升写作者的逻辑性和条理性。学生在书面表达中存在的这些标点符号方面的问题，在某种程度上折射出了高校英语授课存在的薄弱环节。事实上，英语标点符号能否准确使用，直接影响整篇作文的表达效果。

下面我们就逗号和句号的使用进行阐述。

7.2.1 英语逗号的使用

英语和汉语中的逗号外形一样，但使用方式却有差异。英语中什么情况下使用逗号呢？

国家、省份、城市之间：汉语习俗是先说国家再说城市，中间不用标点符号，如"中国河南省郑州市"；但在英语表达中顺序相反，而且要使用逗号，如"Zhengzhou city, Henan Province, China""Castle Rock, Washington, USA"等。

具体日期与年份之间：中国文化中，通常从大到小的顺序，即"年–月–日"，如 2022 年 5 月 1 日；而在英语中，其表达方式是"月–日–年"或"日–月–年"。例如：May 1st, 2022 或 1st May, 2022。

信尾的签名：如 Yours sincerely，单独占一行，后用逗号，下一行为写信人的名称。

列举时：在中文的书面表达中，通常要用顿号将列举的人或事分开，如李萍、张华、王丽明天要去公园；而在英文中，则需使用逗号。例如，Marvin, Mary, Sheryl and Helen are going to Beijing next year.

7.2.2 英语句号的使用

在英语书面表达中，使用缩略语时要使用句号，这是汉语中没有的情况。例如：P.R.C.（the People's Republic of China 中华人民共和国）、U.N.（the United Nations，联合国）、U.K.（the United Kingdom，大不列颠及北爱尔兰联合王国，简称英国）、U.S.A.（the United States of America，美利坚合众国，简称美国）等。此外，英语句号和汉语句号在外形上也有所不同。笔者在批阅研究生英语书面表达时经常看到学生误用汉语中的空心圆点代替英语中的实心圆点。

7.3 句子层面的教学

写作一直以来是大学英语教学的重点和难点所在。句子是书面交流的基本单位，学生进行书面造句虽然并不是严格意义上的思想表达，但它也是一种帮助学生学习并巩固英语语言知识的手段。我们在进行书面语言输出时，需要考虑到交际场合、交际对象、体裁、表达意图等多个方面的因素。现在我们就英汉书面表达方面存在的差异进行对比、阐述，希望对学习者在英语句子写作上有所启发。

7.3.1　英语重形合，汉语重意合

英语属形合语言，是指句子用语义的合成的过程中强调的主要是语言的形式手段，即句子的逻辑关系和语法意义通过外显性连接标记实现，注重显性接应和结构的完整。这些手段和形式主要有关系词、关联词、连接词等；而汉语则重意合，指的是汉语的句子结构中使用形式上连接的手段相对较少，句子中的语义主要通过无显性标记的动词或动词短语实现。汉语没有形态变化，句子通常省略介词和连词，其逻辑关系和语法意义主要通过次序、词语重复等手段间接表现出来，语义通常隐含在句子中，属于隐形连贯。张德聪（1993）认为，英语句子的修饰成分较多，使句子显得长而复杂，好比参天大树，枝叶横生。汉语的句子一般较短，犹如万顷碧波，层层推进。

现举例说明。

例 97：

When reports came into London Zoo that a wild puma had been spotted forty-five miles south of London, they were not taken seriously.

伦敦动物园接到报告，说在伦敦以南45英里处发现一只美洲狮，这些报告并没有受到重视。

——《新概念英语（第3册）》Lesson 1：A puma at large

评析： 从该例句我们可以看出，英语句子使用连词 when 引导状语从句，reports came into London zoo that... 构成同位语从句，通过显性手段连接起来，整个句子形式为复合句，显得较为复杂；而相应的中文译文则要将句子分散为小的片段，用标点符号隔开，句子结构显得较为松散，通过深层含义连接连贯。

7.3.2　英语的物称 vs 汉语的人称

汉语常常用表示人或与人相关的词充当主语，而英语则常常使用非生物词作主语。

现举例说明。

例 98：

There is always hope that in its labyrinth of musty, dark, disordered rooms a real rarity will be found amongst the piles of assorted junk that litter the floors.

人们还常常希望在发霉、阴暗、杂乱无章、迷宫般的店堂里，从杂乱地摆放在地面上的、一堆堆各式各样的破烂货中找到一件稀世珍品。

——《新概念英语（第三册）》Lesson 34：A happy discovery

Great changes have taken place in my hometown during the past four decades.（我的家乡在过去的四十年间发生了翻天覆地的变化。）

从以上例句不难看出，英语的物称表达和汉语的表达习惯截然不同。在表达相同意思时，汉语习惯以人作主语，英语则较多地以物作主语，整个句子结构存在明显差异。这就要求中国的学生在学习英语过程中要转变思维模式，不断模仿，方能在写作时信手拈来。

7.3.3 英语多被动，汉语多主动

被动句在英文中广泛使用，与此形成鲜明对比的是，汉语中被动句使用频率远远低于英语。英语中的被动句，如果不着重强调动作执行者，在汉语译文中常常以主动句形式出现，并不指出动作的执行者。

现举例说明。

例 99：

Movie theaters have to be closed for the outbreak of COVID-19。

受新冠肺炎疫情影响，只能暂时关闭影院。

评析： 以上英文例句中，"movie theaters"作为主语出现，使用的被动语态，而中文则使用主动形式，句子用标点隔开。中国学生受到母语负迁移的影响，经常大量使用主动句而不善于使用被动句。因此，在平时的写作练习当中，应该在适当场合下有意识地使用被动语态。

7.3.4 英语句子开头多样化

李诗平（1991）认为，英语句子一般以主语打头（S+V+O 结构，即主谓宾）。但过多使用这样的句子，文章在形式上会缺乏新鲜感。

邓小燕（2013）认为，为了增加作文的魅力，英语句子的开头形式往往多样化。一般来说，英语句子开头方式有主语、副词、介词短语、分词或分词短语、不定式、形容词或形容词短语等。

现举例说明。

例 100：

① No sooner had he wrapped up the conference than everyone gave a big round of applause.

② Observed from the summit, the villages look really tiny.

③ Having drunk too much liquor, Tom turned and tossed in bed and couldn't go to sleep at all.

从以上例句我们可以看出，英语句子开头方式多种多样，第一句为倒装句，第二句为动词过去分词，第三句则是动词现在分词。中国学生在练习书面表达时，应该熟悉中英文的开头差异以取得修辞上的生动效果。

综上所述，英语和汉语两种语言的表达方式存在诸多差异。在实施英语教学中，老师应向学生讲授英汉两种语言在思维和表达上的差别。通过两种语言的对比和观察以及模仿练习，方能输出更符合英语表达习惯的英语句子。

7.4 段落层面的教学

7.4.1 段落结构

段落是构成语篇的基本单位，段落结构组织是否合理在很大程度上直接影响语篇的整体结构及效果。典型的英语段落包括一个主题句（topic sentence）、若干扩展句（supporting sentences），必要时还要有一个结论句（concluding sentence）。典型的英语段落结构完整、语句严谨、措辞恰当、语法规范，并且能够完整、准确地表达主题思想。段落构成没有一成不变的模式，但却有独特的结构特点。一个完整的段落不管长短，不管采用何种推展手段，往往需要满足以下条件：首先，有明确的主题；其次，段落内容围绕主题展开；最后，段落中的上下句之间有严密的逻辑关系，衔接自然，内容前后连贯。

毋庸置疑，主题句是段落的灵魂，直接关系到段落的表达效果。好的主题句要确定段落基调，还要能够限定主题范围。主题句明确地限定了段落的内容走向，作者在搜集、筛选与主题关联的证据时才可以把握好大方向。与此同时，主题突出的主题句可以让读者一目了然，激发读者的阅读兴趣，顺利预测下文内容。倘若段落主题句过于模糊笼统，无法成为整个段落发展的风向标，就难以合理组织材料阐述主题，甚至会使整个段落乃至语篇逻辑不清、结构松散。

俗话说，好花得绿叶配。主题句至关重要，但它离不开扩展句的支持。扩展句是对主题句中表述的思想观点加以展开，提出各种细节或例证以阐述或证明主题。扩展句好像段落的血肉，一个"有血有肉"的段落才能感染读者、说服读者，才能实现写作意图。确定好主题句后，作者选择与主题紧密相关的素材，此时可以考虑采取的一个方法是句子展开前加以设问，然后解答，即设问—解答（why—because）。

在对大量英语段落进行分析后，胡曙中（1994）指出，英语段落的一个基本特点是它常常按照一条直线展开。英语段落往往先陈述段落的中心意思，而后再分点说明。分点说明的目的是对主题句的展开……在展开中心意思的过程中，段落中的每个句子应该顺其自然地从其前面的句子中产生。从理想的角度来看，这样的段落应该具有一种运动的感觉，即流动的感觉，一种在上文所述东西的基础之上向深入和高峰的方向发展的感觉。

粟进英等（2000）提出，英语议论文的段落发展模式可细分为三种：纵向流动、横向并列流动、纵横流动兼用。根据粟进英等（2000）的定义，英语段落的三种流动具体指的是：

纵向流动是指从第一层级句即主题句开始，中心意思随着层级的深入越来越明朗化，句子的概括性随着层级的提高而下降，即第一层级句概括性最强，提出段落的中心。随着各层级句概括性不断降低，层级句的意思越来越具体。有时在段落最后，还会出现一个概括性较强的句子，我们可以称之为次主题句，与前面的主题句首尾呼应，再次点明主题。

横向并列流动是指英语中有些段落的主题句暗示其中心意思要从多个层面平行展开，因而段落在提出主题句之后，各分述部分从不同的侧面对主题句加以说明和阐述。各分述部分可按照一定的顺序排列，但从逻辑上看，它们之间属于并列关系，共同解释说明主题句。

许多英语段落在提出主题句之后，从纵、横两个维度展开主题思想。换言之，段首提出主题句之后，先从横向平行展开，在展开过程中，为了交际的需求，可能需要对某一分述点或某几个分述点再说明。阐述时，又纵向深入。也有些段落在纵向展开的过程中，根据交际的需求，对某一层级句横向铺开。

为了更直观地考查这一特征，我们用数字将其标出：将概括性最强、语义范围最广的主题句标为 Plane 1，可以称之为第 1 层级句；将概括性或语义范围次之的句子标为 Plane 2，我们称之为第 2 层级句；将概括性再次之的句子标为 Plane 3，其他句子视其概括性程度依次将其标为 plane4，plane 5，……，plane N。曾利沙（1994）曾用"Whitehall"段落进行分析纵向流动。

例 101：

Whitehall

① Whitehall, when Charles II dwelt there, was the focus of political intrigue and of fashionable gaiety. ② Half the jobbing and half the metropolis went on under his roof. ③ Whoever could make himself agreeable to the prince or could secure the good offices of his mistress might hope to rise in the world without rendering any service to the government, without even being known by sight to any minister of state. ④ This courier got a frigate and that a company, a third the pardon of a rich offender, a fourth a lease of crown-land on easy terms. ⑤ If the king notified his pleasure that a briefless lawyer should be made a judge or that a libertine baronet should be made a peer, the gravest counsellor, after a little murmuring, submitted. ★★★Interest, therefore, drew a constant press to suitors to the gates of the palace, and those gates always stood wide. (2) The king kept open house every day and all day long for the good society of London, the extremely Whigs only excepted. (2) Hardly any gentleman had any difficulty in making his way to the royal presence. (3) The levee was exactly what the word means. (4) Some men of quality came every morning to stand round their master to chat with him while his wig was combed and his cravat tied, and to accompany him in his early walk through the park. (6) All persons who had been properly introduced might, without any special invitation, go to see him dine, sup, dance, and play hazard and might have the pleasure of hearing him, tell stories, which indeed he told remarkably well, about his flight from Worcester and about his misery which he had endured when he was a state prisoner in the hands of the canting meddling preachers of Scotland. —Robert Kaplan *Cultural Thought Patterns in Intercultural Education*

评析：不难看出，该段第 1 层级句为话题的陈述句，含有两个提示性短语 the focus of political intrigue 和 of fashionable gaiety，我们可以称之为控制意思。它们控制着段落中其他各句的发展并与之紧密相连，使各句间具有内在的黏度。第一个控制意思控制着第一分述部分的第 2、第 3、第 4、第 5 层级句，各句均按其概括性程度依次排列有序，对第一个控制意思进行逐渐明朗化、清晰化的阐述，其发展呈概括—明晰的直线性导向。需要指出的是，标

"***"的句子既是对第一分述部分的归纳总结，又起着向第二分述部分过渡的作用。第二分述部分的发展受第二个控制意思的制约，其发展也是按照概括—明晰的直线发展。将该段的层级展开模式如图7-1所示：

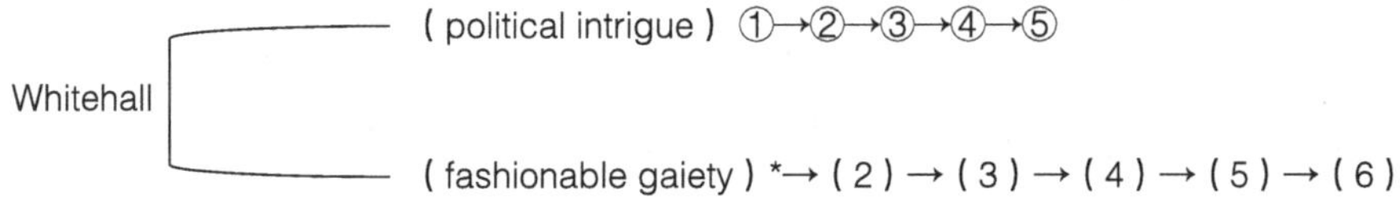

```
                ┌── (political intrigue) ①→②→③→④→⑤
Whitehall ──────┤
                └── (fashionable gaiety) *→ (2) → (3) → (4) → (5) → (6)
```

图7-1　层级展开模式

主题句中提到Whitehall是两个层次的焦点（focus），一个是political intrigue，另外一个是fashionable gaiety，这是横向流动；而后作者又分别详细阐释两个控制意思，每个控制意思下采用的是纵向流动，句子的概括性从高过渡到低。从上述分析不难看出，该段落属于典型的纵横交叉流动型段落。

7.4.2　段落三要素

下面我们谈谈段落写作中要注意的三个要素：统一性、完整性和连贯性。

1. 段落的统一性

西方人写作时惯常的行文模式是将主题句置于段首。相关研究结果表明，以英语为母语的美国大学生英语写作时主题句出现在开头的频率明显高于中国大学生。英语为母语的文化中，4/5的语篇都是通过主题句明确地在开头表达作者的观点。这与Scollon（2000）的观点一致，即北美的语篇模式属于演绎型，把话题、态度、观点一开始就引入文章，然后辅以事实加以说明。美国学生在英语写作中多采用演绎模式，与其文化思维模式密切相关。西方思维模式从古希腊开始，受苏格拉底、柏拉图、亚里士多德等哲学家的影响，提倡线性逻辑思维，抽象思维能力较强，在思维模式上具有一种重理性、重分析、重形式等鲜明特点。在古希腊，人们根据亚里士多德的逻辑论辩建立起一套西方人思维基石的逻辑体系。反映在语篇特征上就是"开门见山"，大体上可归纳为三个步骤：Say what you are going to say. Say it. Then say what you have said。

受西方直线思维模式影响的英语语篇也常常由三个部分组成：开头、主体和结尾。开头主要是破题，开宗明义，起到指向作用，既吸引读者注意力，又阐明了文章要点；主体是语篇的核心部分，涵盖与主体有关的要点和支撑要点的论据和事实；结尾往往是对要点的总结概括。何东林（2012）认为，用英语进行思维所要遵循的顺序，从根本上说是亚里士多德线条式，正是这种线条式逻辑思维奠定了西方人直线思维方式的文化基础。因此在英语段落教学过程中，教师有必要加强对学生英语写作思维模式的转化与培养，使学生养成主题句段首意识，写出符合西方人思维模式的段落和篇章。

每个段落只有一个主题来表达该段的中心，而提出段落主题的句子就是段落主题句，其他句子的作用是对主题进行说明、支持。

主题句的写作要注意以下两点：

主题句的限定性。段落主题句对主题的限定主要通过句子中的关键词表现出来。确定好段落的主题后，就要选定关键词来组成主题句。这些关键词要充分表达主题的范围和方向，从而使段落主题句具有一定程度的限定性：限定该段落的内容不至于偏离全文的中心主题。

主题句的可扩展性。主题句必须是对段落内容的高度浓缩，同时必须展开，即进一步说明的可能，该段落方可围绕主题句逐步展开，或定义，或分类，或论述，或例证，或解释。

2. 段落的完整性

一个段落必须有若干的展开句，对主题句进一步发展和引申，最后由结论句得出结论，从而为读者呈现一个完整的段落结构。

在展开句中应注意明确、切题，使段落一目了然、浑然一体。围绕段落主题句展开的每个展开句都应是对主题句所表达的主要思想的关键词的阐释，并进行必要的事实分析和举例说明。展开句是对主题句进一步的发展与引申，方法不是一成不变的。在具体的展开方式上可根据具体语境，或用定义来解释段落主题；或当段落的主题要解释"why"时，用因果推理的方法来一一说明。另外，在句式上要尽量混合使用简单句、并列句和复合句，做到语法形式多样化。

在结论句中应注意与主题句的内容保持一致，做到结构完整。结论句位于全段的末尾，是画龙点睛之笔，是对文段内容进行总结、归纳或提出结论性观点的句子，可以强调或肯定文章的中心主体，加深读者印象；有时也可以展望未来，提出令人深思的问题或今后努力方向，为读者留下回味和思考的余地。在写结论句时应该注意，结论句所表达的内容必须与主题句内容保持绝对一致，不能相互矛盾。

3. 段落的连贯性

段落不是杂乱无章的句子组合，而是句子的有机结合，句子的排列顺序必须合乎逻辑，句子间的过渡要流畅连贯。

段落中的句子组织一定要排列得当，按主题逐步展开，具有较强的逻辑性和统一性、层次分明、条理清晰，在叙述上要按照事物本身的空间、时间排列顺序，或根据重要性等来组织。

准确使用过渡性词语，使段落具有连贯性。过渡性词语主要是一些关系引导词，一般为副词或起副词作用的词组，能使段落衔接自然，语义连贯。例如，我们如果需要列举论据对主题句所陈述的主题内容进行阐述和解释时，可使用的连接词有 for one thing，for another，finally，lastly 等；当我们需要举出具体事例来阐述、说明主题句的内容时，可使用 for example（instance），one case in point is，besides，in addition 等衔接手段对句子进行连接；如果我们要按照时间和空间顺序进行描述和叙述时，可使用 first，at the beginning，in the first place，first and foremost，to start with，after that，later，then 等衔接手段进行连接。过渡性词语可以承上启下，还可以转折上下文语气，加强句子间内在逻辑关联，增加整段文字的黏合度。总之，准确使用过渡性词语是实现段落写作连贯性的一种必备手段。

段落写作是语篇写作的缩影，掌握了段落写作的基本技能，篇章写作往往就会下笔有神，游刃有余。陈卓婷（2017）把英文语篇写作比做"盖房子"，把段落写作比作建造房子中各个"房间"（rooms）的搭建。房间的大小和结构取决于它在整栋房子中的作用、功能。同样，段落的长短和结构是由它在整篇文章中的作用和功能决定的。房间都是由四壁和房顶构成的有机整体，段落往往是由主题句、扩展句、结论句组成的有机整体。在学会英语段落写作基础上，篇章的写作就是瓜熟蒂落，顺水推舟，只需把各个"预制件"按照一定的结构模式（structural patterns）组装起来，就能搭建出功能各异的"房间"。

关于语篇标题和主题句、衔接和连贯、语篇文体和语篇组织结构的写作教学，在此不再赘述，请参照本书第六章的阅读部分。

7.5 开展图表作文的写作教学

图表作文是国内英语考试写作部分的常见题型，也是各类英语考试的常见题型，大学英语四、六级考试中更是频繁现身。

2010 年开始，全国硕士研究生入学统一考试的英语试题分为英语（一）和英语（二）。其中英语（二）旨在为高等院校招收专业学位研究生设置。根据考试大纲规定，英语（二）的写作部分包括 A、B 两节。A 节要求考生根据所给情景写出一篇约 100 词的应用性短文；B 节则要求考生根据情景写一篇 150 词以上的英语议论文。从 2010 年到 2022 年的英语（二）写作部分 B 节都是图表作文，有表格、柱状图、饼状图、线状图等。

雅思考试的写作部分分为两块，即小作文和大作文，前者是图表作文，后者则是命题作文，图表作文主要有七大类，分别是表格、柱状图、线状图、饼状图、流程图、地图、综合图等。

由此可见，图表作文已经成为英语水平评估测试中的常态化题型，它主要考查考生的信息捕捉能力、整合能力和英语综合语言运用能力，应该引起足够的关注和重视。

图表作文揭示的信息较为丰富，既有明示信息，又有隐含信息，很适合用作英语水平评估手段。与此同时，很多考生未经过系统的英语写作训练，见到图表作文毫无头绪，无从下手。结果写出来的作文条理不清，思路紊乱，表达思想不充分，更不能涵盖图表的主要内容。需要注意的是，此类作文是客观性描述，并不需要发表自己的看法和观点。

下面我们来探讨一下常见的图表作文写作技巧。

7.5.1 地图（map）

地图题应该遵循"从左到右，有序写作"的原则。描述对象时，应该首先建立坐标轴，找到参照物。写作时应该注意对比和衔接，不能遗漏主要特征。如果两个地图都是描述过去的信息，则需使用一般过去时；如果一个地图是对将来的规划，描述该图时要使用一般将来时。

以下是地图题核心语料：

The two maps show/illustrate the layout of...the first one is before and the second one is after...

两幅地图展示了……的布局图，第一幅图是在……之前，而第二幅是在……之后。

As observed, ...

可以观察到……

As is displayed in the two maps, A differs from B.

正如两幅地图所展示的，A 与 B 不同。

The two maps illustrate the differences between the existing and the future layout of...

两幅地图描述了现在的……和未来……布局图的差异。

From the first map, it can be observed that...

从第一幅地图中可以看到……

Moving to the second map, it is clear that...

再看第二幅图，很明显的是……

A is located/situated in...

A 位于……

A is between...and...

A 在……和……之间。

A is located/situated to the north/south/east/west of...

A 位于……的北/南/东/西侧。

A is on the opposite side of B/ A is across from B.

A 在 B 的对面。

In the second map, A is leveled.

在第二幅地图中，A 被夷为平地。

In the original place, a new...was constructed/built/erected.

在其原址上，建造了一个新的……

Obviously/Evidently/it's obvious(evident)that...A is replaced/substituted by B.

很明显，B 代替了 A。

One striking change is that...

很明显的一个变化是……

A has been eradicated and replaced by B.

A 被拆除，取而代之的是 B。

In the light of the two maps, we may find the redevelopment of...

根据两幅地图，我们可以看到重新规划的……

In summary...

总的来看……

下面我们以 2018 年雅思小作文真题为例说明。

例 102:

The maps show the riverside park in 2010 and riverside park now. Summarize the information by selecting and reporting the main features. Make comparisons where relevant.

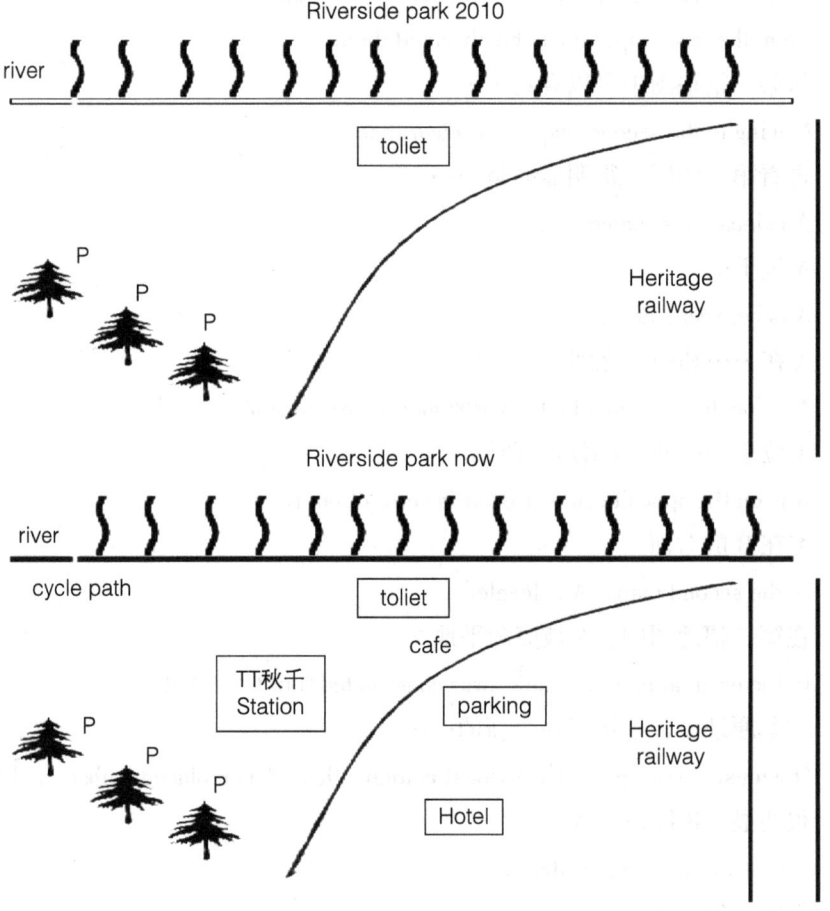

分析：上图向我们呈现了 2010 年的 Riverside park 和改造后的公园现状，要求考生从地图中抓取前后变化的主要特征，对图中信息进行归纳总结，必要的地方使用类比和对比。

以以下范文为例进行说明。

<u>The two maps illustrate</u> the refurbishment of the River Park in two different years 2010 and the present. Overall, <u>it is evident that</u> remarkable changes have taken place over the period.

<u>As observed</u>, the River Park <u>is located on the west</u> side of Heritage Railway. Before the renovation, it used to be relatively deserted and many places were empty. There was a river running from the west to the east <u>in the north</u>, with a toilet by its side. A main road which <u>stretched</u> <u>from</u> north–east <u>to</u> south–west led to the parking lots, <u>adjacent to</u> the woods in the bottom left–hand corner of the park.

After the development, Heritage Railway and the main road <u>remain</u> <u>unchanged</u> but many accommodation and entertainment facilitates have been <u>constructed</u> to facilitate the tourists. <u>One striking change is that</u> the river was filled up and paved for a cycle path. <u>Between</u> the cycle path <u>and</u> the main road, a cafe is <u>erected</u> and <u>on its opposite side</u>, a large hotel equipped with parking is <u>built</u>. Also worth noticing is that in the western area, a station is <u>constructed</u> with swings around it for children to play.

<u>In summary</u>, the park is becoming more interesting and the construction is mainly made to facilitate the tourists' stay, visit and amusement.

画线部分是地图类作文使用频率较高的词汇和短语。该类作文一般采取的是总分总的结构，首段概括地图中的主要变化，尾段归纳总结，中间段则重点介绍地图中的具体特征。

7.5.2 流程图（flow chart）

流程图展示的是事物发展的客观过程或工作流程。为了体现客观性和学术性，一般可以使用现在时和被动语态。在写流程图时应该有序进行，注意使用衔接手段，适当添加解释性信息。描述过程中若出现生僻词汇，一般可以从参考题目指令中找到。

流程图核心语料有：

The flow chart clearly illustrates the process of…, including…

流程图清晰地展示了……的过程，包括……

The flow chart shows that there are...main stages in...
流程图展示了在……的过程中有……的主要阶段

The given diagram shows the process of making...
所给图表展示了制作……的过程

The given flow chart illustrates how...is produced.
所给流程图展示了……是如何制作的。

There are...main steps during the process of...
在……的过程中，有……个主要步骤

To begin with/first of all/for a start/in the first place/first and foremost...
首先

In addition/what is more/furthermore...
此外

In order to.../so as to.../in order that.../so that...
目的在于……

Then/next/afterwards/thereafter/after that...
其后/此后

During the same time/at the same time/in the meantime...
与此同时

Finally/at last/in the last (final) stage/the last step is that...
最后

In closing/In all, the diagram reveals/illustrates/depicts that...
总之，图表描述了……

现在我们以 2018 年雅思小作文真题为例进行说明。

例 103：

The diagram above shows the process of recycled paper production. Summarize the information by selecting and reporting the main features. Make comparisons where relevant.

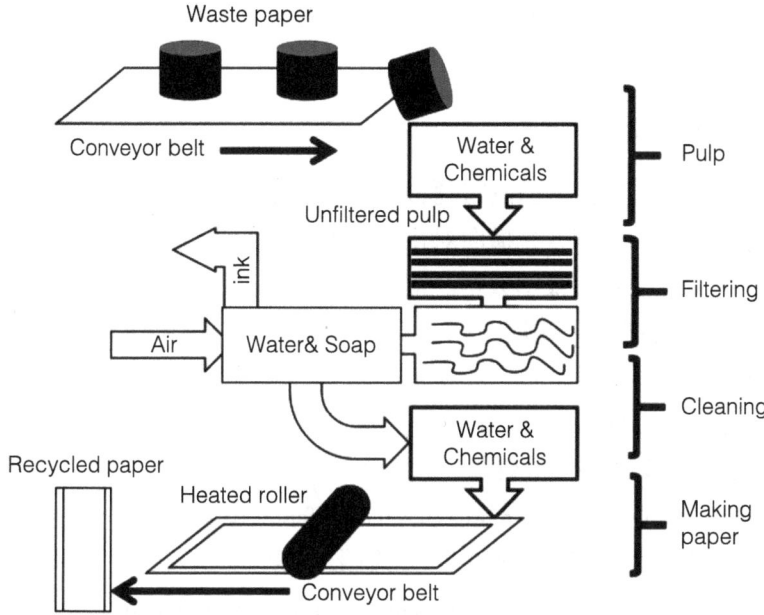

The process of recycled paper production

分析：上面流程图向我们呈现了废纸利用的整个过程，从 pulp（纸浆）到 filtering（过滤），从 cleaning（清洗）再到 making paper（造纸），整个流程四个步骤环环相扣，衔接紧密。

以下是范文：

The diagram clearly illustrates the four stages of paper recycling, including pulping, filtering, cleaning through to the production of recycled paper.

In the first place, waste paper is combined with water and chemicals in order to produce pulp. Once this has been completed, the pulp is then filtered in a process that introduces water, soap and air, whilst removing any ink from the original waste paper. After this is done, the material is afterwards cleaned with more water and chemicals, before it is ready to be converted into recycled paper. The final stage of the production process sees the treated mixture placed onto a conveyor belt and next rolled into shape. Finally, recycled paper is ready to be used.

In all, the process of recycling paper includes four key stages, transforming waste paper into recycled paper following the method and procedure outlined above.

画线部分是流程图类作文使用频率较高的词汇和短语。该类作文通常也采取的是总分总的结构，首段概括流程的主要特征，尾段归纳总结，中间段则重点介绍具体流程。

7.5.3 表格（table）

描述表格时，应该适当改写题目信息，描述表格的主要内容。主题段应该遵循分类对比的原则，先横向对比，再纵向对比。数据描述应该先总体再细节，用最大数据对比最小数据。写作时要特别留意相等、倍数、一半、百分数、小数等描述的特殊用法。

表格核心语料罗列如下：

The table provides/illustrates data of...

表格提供了关于……的数据

The given table illustrates a breakdown of different types of...

表格描述了关于不同类型的……的细化分类

The given table depicts the changes in the number of...from...to...

表格描述了……和……之间……的数量变化

By comparison, it is clear that...

通过比较，很明显的是……

As is shown/revealed/exhibited/depicted in the table...

如表所示

By contrast/in marked contrast

形成鲜明对比的是……

In summary/to sum up/in conclusion, this table clearly presents and compares...

总之，该表格清晰地呈现和比较了……

A outnumbers B

A 的数量多于 B

A is considerably more than that of B

A 远多于 B

There is only a small/subtle difference between A and B

A 和 B 之间只有很小的差别

A and B almost share the same percentage

A 和 B 的百分比几乎相同

There is no great difference between A and B

A 和 B 的差别不大

There is a striking/obvious difference between A and B

A 和 B 之间存在明显的差别

A conclusion may be made that...

可以得出以下结论……

现以剑桥雅思 7 中的 Test 1 的小作文为例说明。

例 104：

The table below gives information on consumer spending on different items in five different countries in 2002. Summarize the information by selecting and reporting the main features, and make comparisons where relevant.

Percentage of national consumer expenditure by category – 2002

Country	Food/Drinks/Tobacco	Clothing/Footwear	Leisure/Education
Ireland	28.91%	6.43%	2.21%
Italy	16.36%	9.00%	3.20%
Spain	18.80%	6.51%	1.98%
Sweden	15.77%	5.40%	3.22%
Turkey	32.14%	6.63%	4.35%

分析：该表格描述了五个国家在不同消费品方面的消费情况。我们首先可以横向对比，所有国家第一类消费品开支最多，第三类消费最少。纵向对比，第一项可以从大到小进行描述，第二项的最高数据和最低数据分别是 9.00% 和 5.40%，其余三个数据平均接近 6.50%，第三项的最大数据是 4.35%，最小数据是 1.98%，其他差别都不大。

以下是范文：

The given table illustrates the breakdown of various items people spent their money on in five countries in 2002.

As is revealed in the table, most of the national consumer expenditure went into food, drinks or tobacco, followed by clothing or footwear, while cost for leisure or education <u>occupied the smallest proportion</u> among them. Besides, it is <u>exhibited that</u> food, drinks as well as tobacco were more popular in Turkey than in other countries. It <u>made up 32.14%</u> of all spending, twice that in Sweden.

But in the area of clothing or footwear, Turkey just <u>ranked the second</u> with only 6.63%, quite far from that in Italy. <u>Meanwhile</u>, <u>compared with</u> other countries, people in Sweden still had <u>the least</u> appetite for buying clothing or footwear. As for leisure or education, <u>it is quite clear that</u> Turkey again had the highest percentage of expenditure among five countries, <u>whereas</u> in Spain only 1.98% had gone into this area.

<u>To sum up</u>, <u>a conclusion may be made that</u> a large part of consumer preferred to spend most of their money on food, drink and tobacco <u>while</u> the least spending is on leisure and education. But the specific distribution of spending on these items varies from country to country.

范文由4段组成：第一段为引言段，介绍表格基本情况；第二段和第三段点出表格的极值信息，呈现表格内容对比；最后一段总结和归纳。

7.5.4　柱状图（bar chart）

柱状图是各类英语写作中出现频率较高的题型。柱状图的写作应该遵循动态比变化（有时间标志，类似于曲线图）和静态比高低（没有时间标志，类似静态饼状图）的原则。

柱状图核心语料之引导语：

The bar chart shows/illustrates/depicts/reveals that...

柱状图描述了……

The given bar charts show/illustrate/depict/reveal the information about...

所给柱状图描述了关于……的信息

In general/generally speaking

总体来讲

The bar charts show a tendency of increase/decrease

柱状图呈现了上升/下降的趋势

It can be observed from the first/second bar chart that...

从第一幅/第二幅柱状图可以看出……

A and B follow the similar/same trend

A 和 B 趋势相似/相同

Compared with/in comparison with...

与……对比

After comparison

对比以后

Conversely/by contrast/in marked contrast

相反的是

In conclusion/in summary/in closing, it seems that...

总之，似乎……

静态柱状图核心语料：

A outnumbers B in...

在……方面，A 的数量高于 B

A differs from B in...

A 和 B 在……方面是不同的

A is identical with B in the aspect of...

A 和 B 在……方面是相同的

The greatest/biggest difference is...whereas, the smallest difference is ...

最大的差别在于……然而，最小的差异在于……

As for... A is equal to that/the counterpart of B

在……方面，A 和 B 相等

... is only slightly higher/lower than that of...

……略微高于/低于……

... considerably higher/lower than that of...

……远远高于/低于……

Both in...and...the number of...accounts for the largest/smallest percentage respectively.

在……和……方面，……的数量分别占到了最大/最小的百分比。

As far as...is concerned, there are striking differences in...

就……而言，其在……方面有明显的差异

动态柱状图核心语料：

Clearly, ...show a tendency of increase/decrease

很明显，随着时间的推移，……呈现了一种上升/下降的趋势

... increase dramatically to the peak with...

……快速上升到最高点的……（具体数据）

... decrease sharply to the bottom at...（具体数据）

……快速下降到最低点的……

... soar greatly from only...（数据 A）in...（年代 A）to around...（数据 B）in...（年代 B）

……从年代 A 的……快速上升到年代 B 的……

The figure of...almost doubles/triples/quadruples from...（数据 A）to...（数据 B）between...（年代 A）and...（年代 B）

……的数据几乎从年代 A 的……增加了两倍/三倍/四倍至年代 B 的……

The period of...（年代 A）and...（年代 B）will witness/notice/see an increase of...（百分比）from...（百分比）to...（百分比）in terms of...

在……方面，从年代 A 到年代 B，数据将会有……的上升，从……上升到……

下面以剑桥雅思 4 的 Test 3 中的澳大利亚男女学习情况为例进行说明。

例 105：

The chart below shows the different levels of post-school qualifications in Australia and the proportion of men and women who held them in 1999. Summarize the information by selecting and reporting the main features, and make comparisons where relevant.

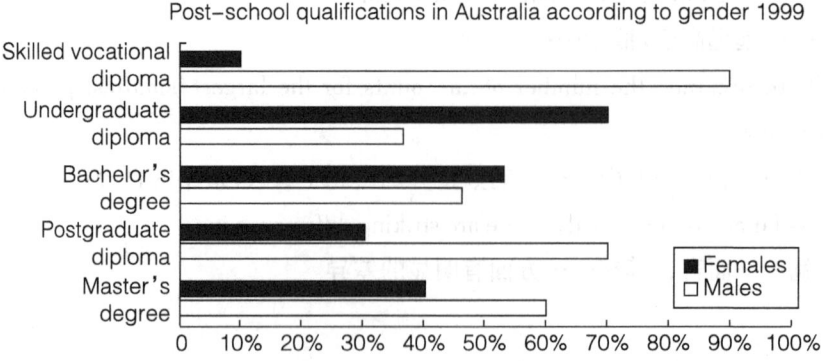

写作思路：

不难判断，该图属于静态柱状图。

宏观比较：在第1项、第4项、第5项中，男性比例高于女性；在第2项和第3项中，女性比例高于男性。最低和最高学历男性占优，中间学历女性占优。

细节对比：数据差别最大和最小的分别在第1项和第3项。在第2项中，女性比例是男性的两倍；在第4项中，男性比例是女性的两倍，最后一项男性比例高于女性。

以下是范文：

The given chart illustrates information about post-school qualifications in terms of the different levels of further education reached by men and women in Australia in 1999.

It is clear that there were substantial differences in the proportion of men and women at different levels. The biggest difference is at skilled vocational diploma, where male holders accounted for over 90%, compared with only 10% of women. By contrast, more women held undergraduate diplomas (70%) and marginally more women reached degree level (55%).

At the higher levels of education, men with postgraduate diplomas clearly outnumbered their female counterpart (70% and 30% respectively), and also constituted 60% of Master's graduates.

In general, more men than women hold qualifications at the lower and higher levels of education, while more women reach undergraduate diploma level than men. The gender difference is smallest at the level of Bachelor's degree, though.

评析：范文是典型的四段式图表作文写作模式，画线部分是静态柱状图常用语块。范文由4段组成：第一段为引言段，介绍静态柱状图基本情况；第二段和第三段点出柱状图的极值信息，呈现柱状图内容对比；最后一段为总结和归纳。

现以剑桥雅思9的Test 2的图表作文为例介绍动态柱状图的写作。

例106：

The chart below shows the total number of minutes (in billion) of telephone calls in UK, divided into three categories, from 1995–2002. Summarize the information by selecting and reporting the main features, and make comparisons where relevant.

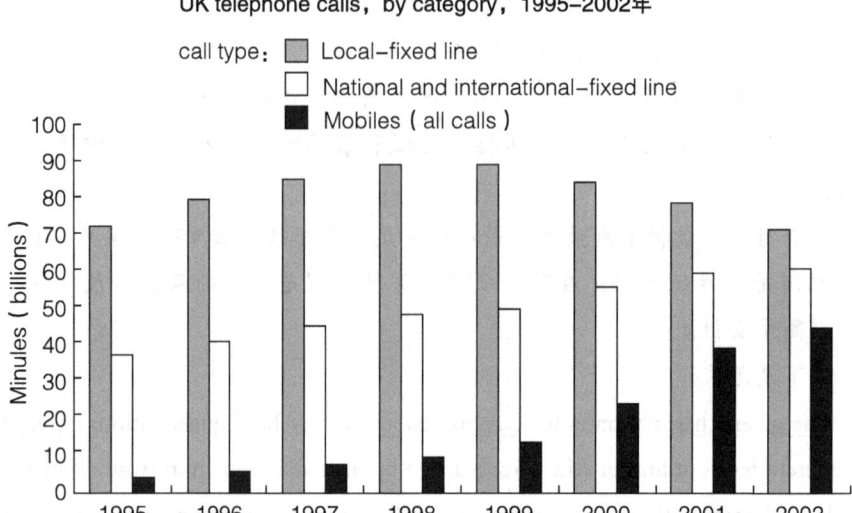

写作思路：

柱状图描述了英国人在 1995—2002 年不同类型电话的使用情况。总体而言，英国人对电话的选择分为 3 个类型：本地固定电话，国内、国际电话，和移动电话。

对于本地固定电话而言，从 1995 年到 1999 年，数据从最初的 70 billion 上升到最高点的 90 billion；从 1999 年到 2002 年，数据下降到最初的 70 billion。

国内、国际电话从 1995 年到 2001 年，数据从 38 billions 上升到 60 billion；到 2002 年，数据基本稳定在 60 billion。

移动电话方面，数据从 1995 年的 3 billion 缓慢上升到 1999 年的 12 billion；而后，数据急剧上升到 2002 年的峰值 45 billion。

以下为范文：

The chart depicts the time spent by UK residents on different types of telephone calls between 1995 and 2002.

Local fixed line calls were the highest throughout the period, rising from 72 billion minutes in 1995 to just under 90 billion in 1998. After peaking at 90 billion the following year, these calls had fallen back to the 1995 figure by 2002.

National and international fixed line calls grew steadily from 38 billion to 61 billion at the end of the given period, though the growth slowed over the last two years.

There was a dramatic increase in mobile calls from 2 billion to 46 billion minutes. This rise was particularly noticeable between 1999 and 2002, during which time the use of mobile phones tripled.

To sum up, although local fixed line calls were still the most popular in 2002, the gap between the three categories had narrowed considerably over the second half of the period.

分析：范文是五段式图表作文写作模式，画线部分是动态柱状图常用语块。范文由5段组成：第一段为引言段，介绍动态柱状图基本特征；第二段、第三段、第四段分别点出柱状图中3种通信方式的变化；最后一段为归纳和总结。

7.5.5 饼状图（pie chart）

饼状图在图表作文写作中出现的频率相对较低，经常以综合图的形式出现。饼状图写作应该遵循"动态比变化，静态比大小"的原则。

饼状图核心语料之描述百分比：

The highest/largest percentage of...is...

……的最大百分比是……

The lowest/smallest proportion of...is...

……的最小比例是……

A has the largest proportion, which makes up...（数据），while B has the smallest percentage at...（数据）

A 占最大的比例，数据为……；然而 B 占最小的比例，数据为……

Account for/consist of/make up/constitute/compose/compromise...（百分比）

占……（百分比）

With a percentage of...（百分比）=take a share of...（百分比）

占……（百分比）

饼状图核心语料之引导特殊点（相等、倍数、一半等）

What is noteworthy is that.../It should be noted that.../Notably...

值得注意的是……

With the exception of...

例外之处在于……

As far as...is concerned

就……而言

As for...

对……而言

When it comes to...

在……方面

A is very similar to B

A 与 B 很相似

A is half as much as that of B=A is 50% of B

A 是 B 的一半

A is ...times as much as that of B

A 是 B 的……倍

... doubled its percentage from 5% to 10%

……的比例增加了两倍，从 5% 增加到了 10%

... more than doubled/tripled/quadrupled

增加了两倍/三倍/四倍多

A and B rank the fourth and fifth, which account for...（数据）and...（数据）respectively

A 和 B 分别排在第四位和第五位，数据分别是……和……

饼状图核心语料之描述数据变化：

The figure of...almost doubled from...（数据 A）to...（数据 B）between...（年代 A）and...（年代 B）

……的数据在年代 A 和年代 B 之间几乎增加了两倍，从数据 A 增加到数据 B

As for... the figure will increase from...（数据 A）in...（年代 A）to ...（数据 B）in...（年代 B）

就……而言，将会从年代 A 的数据 A 增加到年代 B 的数据 B

In...（年代 A), ...（数据 A）is... however, it increased to...（数据 B）in...（年代 B）and to...（数据 C）in ...（年代 C）respectively

在年代 A，数据为 A，然而其分别增加到年代 B 的数据 B 和年代 C 的数据 C

Both in...（年代 A）and...（年代 B），the number of...accounts for the largest percentage...（数据 A）and...（数据 B）respectively

在年代 A 和年代 B，……的数据分别站到了最大的百分比（数据 A 和数据 B）

现以剑桥雅思 9 的 Test 3 的图表作文为例说明。

例 107：

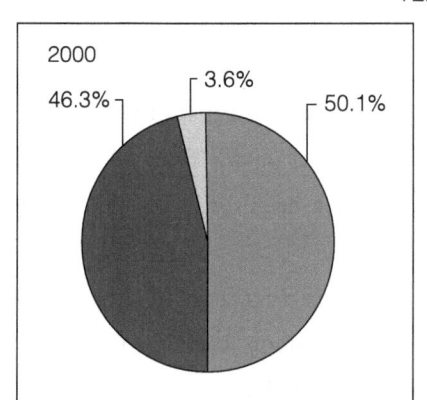
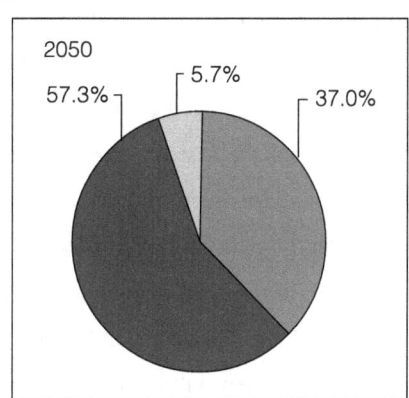
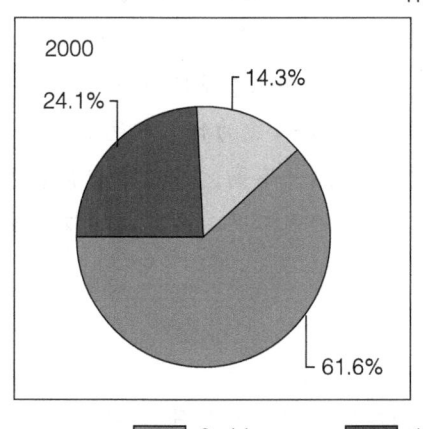
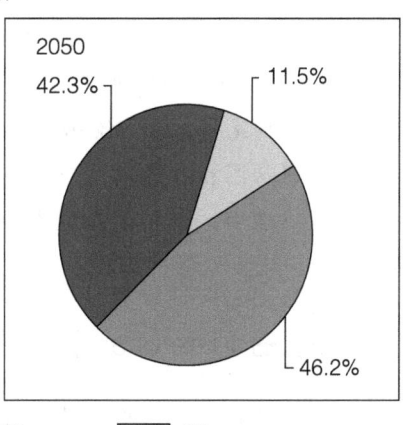

写作思路：

饼状图展示了从 2000 年到 2050 年，也门和意大利两个国家不同群体的居民比例情况。

现在我们来看一篇高分范文：

The four pie charts illustrate information on the ages of the population of

Yemen and Italy in 2000 and predictions for 2050.

As can be observed in the first two pie charts, people under 14 years occupied the first position in 2000 while people from 15 to 59 years will have the highest percentage in 2050. There will be a growth in the percentage of people from 15 to 59 years and people over 60 years from 2000 to 2050. However, the percentage of people under 14 years will decrease by 13% over the 50 years.

It can be seen that from the second two pie charts that in Italy, people who are under 14 years account for the highest percentage in 2000 and 2050, and the percentage of people aged from 15 to 59 years is higher than that of people over 60 years. There will be a steady rise in the percentage of people from 15 to 59 from 2000 to 2050. However, the 50 years will witness a decrease in the percentage of people under 14 years and over 60 years.

In 2000, in terms of people under 14 years, the percentage of Yemen was lower than those of Italy. However, in 2050, as for the population from 15 to 59 years, the percentage of Yemen will be much higher than that of Italy.

评析：范文由四段组成。第一段为引言段，主要概括饼状图的大致信息；第二段对前两幅饼状图（也门的人口比例）进行描述；第三段对后两幅饼状图（意大利的人口比例）展开描述；最有一段对两组饼状图进行对比归纳。总体来看，结构完整，语言流畅，动静结合式的语言更为作文增色不少。

总之，饼状图在各类考试中出现的概率虽然并不高，但是它却能够考查学生的观察、理解、概括总结能力和英语语言的基本功，两方面的技能缺一不可，平时一定要双管齐下，多加练习。

7.5.6 线状图（line chart）

线状图一般在第一段概括描述曲线的总体趋势，即上升、下降、持平、波动。主体段按顺序描述曲线的这些变化。写作时要注意曲线的转折点，并强调曲线的最高点和最低点。

线状图之核心语料如下所示。

上升：rise / increase to... 上升至

experience / witness a rise / an increase to... 上升至

soar upwards to... 急剧上升至……

climb gradually up to... 逐渐上升至

下降：fall/decline/decrease/dip to... 下降至
experience a fall/decline/decrease/dip to... 下降至
show a downward trend 呈现下降趋势
show a trend of decline 呈现下降趋势

持平：remain stable at..., maintain the same level at..., stabilize/stand at...
稳定在/保持在……不变

最高点/最低点：peak at.../reach the highest point at... 达到最高点的……
hit bottom at.../reach the lowest point at... 达到最低点的……

波动：fluctuate/fluctuation

现在以剑桥雅思 5 Test 1 中的图表作文为例进行说明。

例 108：

The graph below shows the proportion of the population aged 65 and over between 1940 and 2040 in three different countries. Summarize the information by selecting and reporting the main features, and make comparisons where relevant.

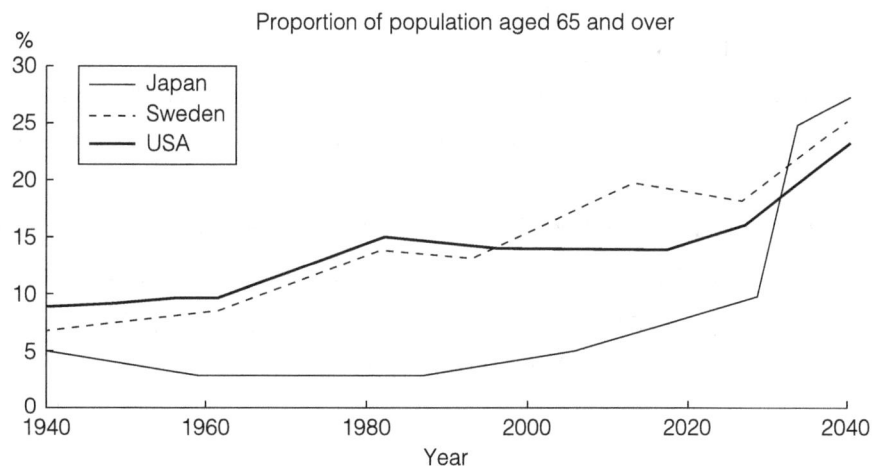

写作思路：

三条曲线分别向我们展示了日本、瑞典和美国从 1940 年到 2040 年老龄人口比例的变化。2040 年，三个国家的老龄人口比例预计会占总人口的 1/4 左右。

从日本方面来看，老龄人口从1940年的5%下降到1960年的3%左右，此后的25年里一直保持在3%。从1985年开始，老龄人口比例从3%增加到10%左右，接着将会急剧上升到25%，再上升到最高点27%。

瑞典和美国的共性在于：2000年以前，两条曲线的变化趋势极为相似。2000年后，美国老龄人口数量在14%左右持平，而后上升至最高点的24%左右。对于瑞典而言，该数据呈现了跳跃的趋势。老龄人口比例先上升到了20%，再经历了小幅下降后，2040年将会上升到25%左右。

以下为范文：

The given graph reveals the rise in the ageing population in Japan, Sweden and the USA. It indicates that the percentage of elderly people in all three countries is expected to climb gradually to almost 25% of the respective populations by the year 2040.

In 1940 the proportion of people aged 65 or more stood at only 5% in Japan, approximately 7% in Sweden and 9% in the US. However, while the figures for the Western countries grew to about 15% in around 1990, the figure for Japan dipped to only 2.5% for much of this period, before rising to almost 5% again at the present time.

In spite of some fluctuations in the expected percentages, the proportion of older people will probably continue to witness an increase in the next two decades in the three countries. A more dramatic rise is projected between 2030 and 2040 in Japan, by which time it is thought that the proportion of elderly people will be similar in the three countries.

评析：画线部分为线状图作文中常用语块。作者能从线状图中敏锐地捕捉到信息，并能够准确地用英语把图标中的数据描述出来，用词精准且丰富，语法正确，语言流畅，结构合理，逻辑清晰，衔接手段恰到好处，内在连贯把握到位，不失为一篇高质量的图表作文。

参考文献

[1] BAILEY C. Hyper focus [M]. Macmillan, 2018.

[2] BARLETT F C. Remembering: a study in experimental and social psychology [M]. Cambridge: Cambridge University Press, 1932.

[3] BECKER J D. The phrasal lexicon [M]. Cambridge Mass: Bolt and Newman, 1975.

[4] CARRELL P L. Evidence of a formal schema in second language comprehension [J]. Language Learning, 1984, 34 (2): 87-108.

[5] CUMMINS J. Cognitive/academic language proficiency, linguistic interdependence, the optimum age question and some other matters [J]. Working papers on bilingualism, 1979 (19): 121-129.

[6] CUMMINS J. Bilingualism and special education: issues in assessment and pedagogy [M]. Clevedon: Multilingual Matters, 1984.

[7] ELLIS N C. Frequency effects in language processing: a review with implications for theories of implicit and explicit language acquisition [J]. Studies in second language, 2002 (24): 143-188.

[8] ELLIS N C. Reflections on frequency effects [J]. Studies in second language, 2002 (24): 297-339.

[9] ELLIS R. The study of second language acquisition [M]. Oxford: Oxford University Press, 1994: 176-179.

[10] GRABE W. Reading a second language: moving from theory to practice [M]. New York: Cambridge University Press, 2009.

[11] HALLIDAY M, HASAN R. Cohesion in English [M]. London: Longman, 1976: 2-6.

[12] HOEY M. Patterns of lexis in text [M]. Oxford: Oxford University Press, 1991: 9.

[13] HOEY M. Textual interaction: an introduction to written discourse analysis [M]. London: Routledge, 2001: 181.

[14] HUTCHINSON T. What's underneath? an interactive view of materials evaluation [A]. ELT

textbooks and materials: problems in evaluation and development [C]. London: Modern English Publications, 1987: 37-44.

[15] KRASHEN S D. The input hypothesis: issues and implications [M]. London: Longman, 1985: 2-31.

[16] LARSEN-FREEMAN D. Teaching grammar, teaching English as a second or foreign language [M]. 2nd ed. Boston: Newbury house publishers, 1991.

[17] LEECH G, SVARTVIK J. A communicative grammar of English [M]. London: Longman, 1975.

[18] LEWIS M. The lexical approach: the state of ELT and a way forward [M]. Hove: Language teaching publication, 1993.

[19] MEHRABIAN A, WIENER M. Decoding of inconsistent communications [J]. Journal of personality and social psychology, 1967, 6(1): 109-114.

[20] NATTINGER J R, DECARRICO J S. Lexical phrases and language teaching [M]. Oxford: Oxford University Press, 1992: 366-368.

[21] RIVERS W M, TEMPERLEY M S. A practical guide to the teaching of English as a second or foreign language [M]. Oxford: Oxford University Press, 1978: 78.

[22] SWAIN M. Three functions of output in second language learning. In G Cook & B Seidlhofer (eds): Principle and practice in applied linguistics [M]. Oxford: Oxford University Press, 1995.

[23] SCHIFFRIN D. Discourse markers [M]. Cambridge: Cambridge University Press, 1987.

[24] SCOLLON RON. Contrastive discourse in Chinese and English: a critical appraisal [M]. 北京: 外语教学与研究出版社, 2000.

[25] SWAIN M. Communicative competence: some roles of comprehensible input and comprehensible output in its development [A]. Input in second language acquisition [M]. New York: Newbury House Publishers, 1985: 235-253.

[26] VAN DIJIK T A. Text and context explorations in the semantics and pragmatics of discourse [M]. London: Longman, 1977.

[27] WRAY J. The phrasal lexicon [M]. Cambridge: Cambridge University Press, 1975: 245-249.

[28] 曹文. 英语文化教学的两个层次 [J]. 外语教学与研究, 1998(3): 10-14.

[29] 陈冬纯. 论大学英语语法的地位 [J]. 天津外国语大学学报, 2004, 11(5): 73-76.

［30］陈姗.国际合作教学班学生雅思写作中的常见问题分析［J］.考试周刊，2013（42）：6-7.

［31］陈露雅，陈白颖.大学英语四六级写作刍议［J］.文教资料，2020（28）：203-205.

［32］陈淑华.浅谈大学英语四级写作存在的问题及对策［J］.吉林广播电视大学学报，2020（6）：110-111.

［33］陈晓靖.非英语专业大学生口语教材使用情况调查［J］.西昌学院学报（社会科学版），2012（4）：144-147.

［34］陈卓婷.大学英语四六级写作之英语段落的结构特点及写作方法［J］.天津职业院校联合学报，2017（7）：118-122.

［35］崔雅萍.英语文体学与大学英语教学［J］.西北大学学报（哲学社会科学版），1997（2）：106-109.

［36］邓小燕.英汉差异与大学英语句子写作教学［J］.青年文学家，2013（22）：107.

［37］邓炎昌，刘润清.语言与文化：英汉语言文化对比［M］.北京：外语教学与研究出版社，1989.

［38］第斯多惠.德国教师培养指南［M］.袁一安，译.北京：人民教育出版社，2001：177.

［39］甘丽华.基于语篇衔接和连贯理论的英语阅读教学［J］.太原城市职业技术学院学报，2008（7）：57-58.

［40］桂灿昆.美国英语应用语言学［M］.上海：上海外语教育出版社，1985：209.

［41］桂诗春.多视角下的英语词汇教学［M］.上海：上海外语教育出版社，2013：240.

［42］何东林.大学英语段落主题句写作教学探析［J］.曲靖师范学院学报，2012（1）：13-15.

［43］何自然.语用学与英语学习［M］.上海：上海外语教育出版社，1997.

［44］胡曙中.英汉修辞比较研究［M］.上海：上海外语教育出版社，1994.

［45］胡文仲.跨文化交际与英语学习［M］.上海：上海译文出版社，1988.

［46］胡壮麟.语篇的衔接与连贯［M］.上海：上海外语教育出版社，1994.

［47］胡壮麟.语篇分析在教学中的运用［J］.外语教学，2001，22（1）：3-9.

［48］黄国文.语篇分析概要［M］.长沙：湖南教育出版社，1988.

［49］黄建玲.听力理解中信息加工理论及实践描述［J］.外语电化教学，2004（4）：31-35.

［50］蒋咏梅.语篇文体图式探析及对英语阅读教学的启示［J］.郑州师范教育，2015（7）：30-32，38.

［51］孔企平.论学习方式的转变.为了中华民族的复兴,为了每位学生的发展—《基础教育课程改革纲要（试行）解读》[M].上海：华东师范大学出版社,2001：247-257.

［52］李强.论英语段落的种类和写作[J].读与写（教育教学刊）,2009,6（8）：177.

［53］李盛.浅谈托福独立写作的三大误区[J].新东方英语：中英文版,2017（6）：8-10.

［54］李诗平.浅论英语写作中的遣词与造句[J].外语教学,1991,12（2）：49-54.

［55］李霞.雅思写作常见问题及备考策略研究[J].课程教育研究,2017（2）：145.

［56］李燕凌,贺林波,吴松江.案例教学论[M].长沙：湖南人民出版社,2015：174-176.

［57］廖建新,汤际芳.语篇标题在中学英语阅读教学中的作用[J].中学生英语（初中版）,2010（35）：16-17.

［58］廖志红.英语语法教学的重要性及几点建议[J].新校园（理论版）,2015（2）：30.

［59］林崇德.心理学大辞典[M].上海：上海教育出版社,2003.

［60］林美玟,沈炜艳.研究生英语视听说教程[M].上海：复旦大学出版社,2009.

［61］刘金明.英语中的"主张—反应"语篇模式探析[J].外语教学,2005,26（5）：18-20.

［62］刘明,刘勇.图式理论与大学英语听力教学[J].西南农业大学学报（社会科学版）,2007,5（5）：115-117.

［63］刘萍.基于BICS培养商务英语专业学生沟通能力的探讨[J].高教论坛,2011（6）：119-121,129.

［64］刘赛雄.高校英语专业口语教学中的演讲能力培养研究[J].海外英语,2018（11）：125-126.

［65］刘燕盛.英语口语教材设计和使用[J].外语电化教学,1988（3）：10-11.

［66］吕璀璀.文化差异对中美大学生英语写作中心思想句位置的影响[J].牡丹江教育学院学报,2009（1）：138.

［67］吕良环.英语案例教学论[M].合肥：安徽教育出版社,2011.

［68］彭敏.浅谈高校英语语法教学的重要性及有效教学策略分析[J].英语广场：学术研究,2021（1）：92-95.

［69］皮连生.教育学的心理学[M].上海：华东师范大学出版社,1997.

［70］海蒂.Better ways to express politeness[M].北京：外文出版社,1999.

［71］秦春荣.基于形式图式理论的大学英语听力教学研究[J].海外英语,2021（4）：104-105.

［72］ 邱佳岭.文体学理论应用于英语教学的探讨［J］.天津城建大学学报,2000,6(4)：291-293,296.

［73］ 任丽华.浅谈大学英语语法教学的重要性及教学方法［J］.长春理工大学学报（社会科学版）,2005（1）：107,119.

［74］ 束定芳,庄智象.现代外语教学［M］.上海：上海外语教育出版社,1998.

［75］ 宋迎.英语口语教学中复述策略的运用［J］.江苏教育,2014（1）：51-53.

［76］ 田延明,王淑杰.心理认知理论与外语教学研究［M］.北京：北京大学出版社,2010.

［77］ 田耀.非英语专业英语四、六级考试写作应试技巧［J］.天津外国语学院学报,2004（4）：56-57.

［78］ 田朝霞.大学生英语演讲能力培养中的问题与对策：从Peter Pober教授对全国英语演讲大赛选手的点评谈起［J］.中国大学教学,2015（8）：62-68.

［79］ 王笃勤.形式图式与大学英语听力理解［J］.考试周刊,2011（92）：115-117.

［80］ 王利娟.大学生如何通过看英文电影提高自身听力水平［J］.电影文学,2010（18）：158-159.

［81］ 王宁.英语原声电影在大学英语口语教学中的作用［J］.开封大学学报,2016（4）：80-82.

［82］ 王佐良,丁往道.英语文体学引论［M］.北京：外语教学与研究出版社,1987.

［83］ 文秋芳.英语口语测试与教学［M］.上海：上海外语教育出版社,1999.

［84］ 吴长宏.语篇连贯理论在高中英语阅读教学中的运用［J］.中小学外语教学（中学篇）,2021,44（4）：38-43.

［85］ 夏侯富生.论英语文体阅读规律［J］.外语教学,2009（5）：171-174.

［86］ 许峰.中学英语课堂教学例句使用的调查与分析［J］.中小学英语教学与研究,2007（10）：9-12.

［87］ 徐婷.汉英语音语调差异对比［J］.考试周刊,2007（51）：130.

［88］ 徐欣,苗兴伟.英汉语篇"假设-真实"模式对比研究［J］.外语学刊,2011（6）：40-43.

［89］ 薛鹏.小鹏哥雅思写作高分语料库［M］.北京：清华大学出版社,2019：93-126.

［90］ 亚历山大,何其莘.新概念英语第2册［M］.北京：外语教学与研究出版社,2019.

［91］ 亚历山大,何其莘.新概念英语第3册［M］.北京：外语教学与研究出版社,2019.

［92］ 杨红旗,朱明慧.英汉语调对比［J］.南京晓庄学院学报,2006,22（2）：43-46.

［93］ 杨新新,刘晓玲.汉语国际教育硕士专业学位研究生培养实践导向探索：以安阳师

范学院为例［J］.安阳师范学院学报，2015（3）：129－132.

［94］ 杨雪燕.文体学与外语教学［J］.外交学院学报，2000（4）：79－85.

［95］ 尹世超.标题语法［M］.北京：商务印书馆，2005：153.

［96］ 解放军外国语学院学报，2003（1）：11－15.

［97］ 袁苑.托福独立写作的误区剖析［J］.新东方英语：中英文版，2014（12）：14－16.

［98］ 岳进，李姬巍.试析大学英语段落层次上的写作训练［J］.才智，2008（2）：69.

［99］ 张丹阳.从雅思写作评分标准探析高校雅思写作问题［J］.现代交际，2020（19）：188－190.

［100］ 张德聪，赵亦民.从东西方文化差异谈汉英写作的区别［J］.外语教学，1993（4）：67－70，75.

［101］ 张结根.考研英语阅读理解选配题语篇应对策略［J］.考试周刊，2007（37）：5－6.

［102］ 张金花.浅谈大学英语阅读教学中语篇的衔接与连贯作用［J］.中国校外教育（下旬刊），2013（4）：83.

［103］ 张立杰，王玉粉.考研英语写作中的错误分析及应对策略［J］.黑龙江教育学院学报，2016（1）：133－135.

［104］ 张茜.辩论式教学辅助大学英语口语教学：任务教学法的视角探析［J］.陕西教育（高教），2013（7/8）：81－82.

［105］ 郑金洲.教学方法应用指导［M］.上海：华东师范大学出版社，2006.

［106］ 朱永生，严世清.系统功能语言学多维思考［M］.上海：上海外语教育出版社，2001：44.

［107］ 曾利沙.英语显性段落结构模式研究［J］.外语教学与研究，1994（1）：20－26.

［108］ 曾智华，邱圣晖.考研英语写作中的错误分析及对策［J］.吉林省教育学院学报，2010，26（10）：115－116.

［109］ 张娟."输入假说"和"输出假设"理论与大学外语教学［J］.鸡西大学学报，2011，11（12）：86－87.

［110］ 章振邦.新编英语语法教程［M］.上海：上海外语教育出版社，1983：413.

［111］ 赵英男，高静.看电影学英语［M］.北京：清华大学出版社，2004.

［112］ 中华人民共和国教育部，国家语言文字工作委员会.中国英语能力等级量表［S］.北京：高等教育出版社，2018.

［113］ 左焕琪.外语教育展望［M］.上海：华东师范大学出版社，2002.

［114］ BICS/CALP: Basic Interpersonal Communicative Skills vs. Cognitive Academic Language

Proficiency [EB/OL]. (2011-01-01) [2022-02-12]. https://bestofbilash.ualberta.ca/bics%20calp.html.

[115] ASL & Interpreting Studies [EB/OL]. (2011-01-01) [2022-02-12]. https://www.unco.edu/cebs/asl-interpreting/pdf/model-courses/edi-112-powerpoint.pdf.